So lass ich mich nicht prüfen!
Plädoyer für eine Verwandlung
des bewertenden Blicks

Holger Grebe

So lass ich mich nicht prüfen!

Plädoyer für eine Verwandlung des bewertenden Blicks

Illustrationen von Klaus-Martin Grebe

Geleitwort von Florian Osswald

edition waldorf

Bildungswerk Beruf und Umwelt
Brabanter Straße 30, 34131 Kassel
Telefon 0561/20 75 68 -0, Telefax 0561/20 75 68 -29
www.lehrerseminar-forschung.de
info@lehrerseminar-forschung.de

ISBN 978-3-939374-37-4
© 2018 Bildungswerk Beruf und Umwelt, Kassel
1. Auflage 2018

Gestaltung und Satz: Pädagogische Forschungsstelle Kassel
Titelbild: Klaus-Martin Grebe

Online-Bezugsadressen:
www.lehrerseminar-forschung.de
www.waldorfbuch.de

Inhalt

Geleitwort von Florian Osswald   9

Vorwort   11

Teil 1 · Das Prüfungswesen – eine Diagnose   15

Die Signatur von schulischer Abschlussprüfung heute   17

- Prüfungsrecht
- Anonymität
- Geheimhaltung

Die chinesische Beamtenprüfung – ein Urbild deutscher Schulexamina?   26

- Beamtenprüfungen als Exportschlager
- Prüfung als Nadelöhr
- Chamäleon Abitur – Nimbus und Lebensferne
- Zusammenfassung und Ausblick

Prüfen – Wortbedeutung und Phänomenologie   35

- Rätsel, Wettkampf, Schwelle – Prüfungen als existentielles Drama
- Prüfungen als Übergangsriten
- Prüfungen und Berechtigungswesen – die Auswirkungen staatlicher Regelungswut
- Aspekte der Prüfungskritik
- Aufschlüsse statt Abschlüsse

Teil 2 · Auf der Suche nach einer Ich-Pädagogik   47

Novalis als Wegbereiter einer Ich-Pädagogik   49

- Beschäftigungsfähigkeit oder Persönlichkeitsbildung?
- Das Erwachen des Ich im Zeitalter der Renaissance
- Die Mechanisierung des Ich im Strudel der Industrialisierung – zur Dynamik der Gegenkräfte
- Der Mensch als Produkt von Vererbung und Milieu
- Die Spiritualisierung des Ich bei Friedrich von Hardenberg
- Die Infragestellung der Erkenntnisgrenzen im Umfeld des Sophien-Erlebnisses
- Das romantische Fragment – Entwicklungswerkstatt für ein neues Denken

- Wie wird unser Denken flüssig? Verrätseln als Methode
- Novalis, ein realitätsferner Träumer?
- Zusammenfassung und Ausblick

Nichts ist wirkungsvoller in der Pädagogik als der Blick.
Eine Entdeckungsreise durch die Sinne 66

- Nelson Mandela und der »Rivonia-Prozess«
- Von der Welterfahrung zur Wesenserkundung: der Ich-Sinn
- Die Betonung des Hörens in den frühen Kulturen
- Lauschen in der romantischen Dichtung
- Das Zeitalter der Aufklärung und die Neubewertung des Sehens
- Die Automatisierung erreicht Sinne und Seele
- Wie mächtig ist unser Blick?

In der Pädagogik mit dem »Ich« rechnen – eine Aufgabe 78

- Das Ich in der kindlichen Entwicklung – Annäherungsversuche
- Pädagogische Aufgaben zwischen Sinnespflege und Ich-Erweckung
- Totes Wissen oder lebendiges Erkennen?
- Fazit und Ausblick

Vom Ausbruch aus der Belehrungsschule 88

- Raumfahrt als Frucht eines linkshirnigen Denkens
- Mehr Recht auf rechts? Die Krise unseres Bewusstseins im Spiegel der Literatur
- Aufwachen für die Lebensgesetze der Kinder
- Die Kraft des Staunens – eine Bildungsenergie
- Schulen als Kathedralen der Neuzeit?

Teil 3 · Schule und Lehralltag neu denken 97

Raus aus der Komfortzone!
Die Portfolio-Methode als Türöffner zur Persönlichkeitsentwicklung 99

- Der Verlust von Gewissheiten
- Zeitzeugengespräche führen in die Multiperspektivität
- Können wir eine Krise lösen mit demselben Denken, das sie hervorgebracht hat?
- Ein syrischer Geiger als Brückenbauer
- Die Evaluation von Schülerleistungen – eine Herausforderung

Schluss mit den Denkgewohnheiten. Die Tugend der Selbstprüfung 105

- Bildungsprozesse ohne Spiegel
- Wie erfahren Kinder ihre Selbstwirksamkeit im Lernen?

- Portfolio und die Suche nach einer menschengemäßen Prüfung
- Das Abschlussportfolio – neuer Wind statt Behördenflaute

Im Lehren wieder das Lernen entdecken. Wie funktioniert Praxisforschung? 115

- Das Forschungstagebuch
- Jede pädagogische Situation ist einmalig
- Der periphere Planer als Vorbild

Fazit 128

Danksagung 130

Geleitwort

Die vorliegende Essaysammlung von Holger Grebe nimmt uns mit auf eine Wanderung durch bereits bekannte, aber auch durch überraschend frische Prüfungslandschaften. Er lenkt unseren Blick einmal auf den Weg, ein andermal auf die Horizonte und fragt immer wieder nach der Blickrichtung, nach der Art des Hinschauens. Die Art und Weise, wie an deutschen Schulen geprüft wird, bedingt eine ganz bestimmte Sichtweise auf den jungen Menschen. Gleichzeitig wird diese Sichtweise durch unsere Prüfungskultur noch verstärkt. Woran aber diese Prüfungskultur wirklich krankt, so Grebe, ist der Verlust des Ichs.

Der Autor fragt, ob den Kindern und Jugendlichen ein Spiegel vorgehalten werden soll oder ob sie Selbstwirksamkeit im Lernvorgang erfahren sollen. Soll die Prüfung ein Abschluss sein oder vielmehr Aufschluss geben?

Die Idee der Prüfung, Probe oder Beurteilung spricht ein menschliches Grundbedürfnis an. Bestimmte biografische Situationen verlangen nach einer Orientierung. Das kleine Kind erhält diese noch im Wesentlichen aus seiner Umwelt. Mit zunehmender Reife spricht sich jedoch das Innere des Menschen immer mehr aus und will ein Verhältnis zur Welt finden. In diesem Prozess tauchen existentielle Fragen auf: Wo stehe ich in meinem Leben? Wer bin ich? Wer sind die Anderen? Was sind meine Aufgaben? Eine Zeit des Suchens beginnt, die den Kern des Inneren zunehmend ins Bewusstsein bringt. Dass man sich suchen, verlieren und wiederfinden kann, das gehört ebenso zum Rätsel des Ich wie die Tatsache, dass das Individuum Spuren hinterlässt …, sagt Holger Grebe.

Wer mit dem Ich, dem Individuum, rechnet, wird Prüfungen anders gestalten, wird Prüfungen prüfen, wird fragen: Was befragt die Prüfung? Sind es Fragen an das Leben, sind sie aus den Schülerinnen und Schülern entstanden?

Das Abitur trägt andernorts den Namen Matura, was auf die Befragung eines Reifezustandes hindeutet. Dieser kann nur befragt werden, wenn ein Verständnis für die Entwicklung der Individualität vorhanden ist. Holger Grebe wählt die literarische Form des Essays, um unseren Blick für diesen Aspekt von Prüfungen zu schärfen. Dabei scheut er keine ungewöhnlichen Umwege, von China bis Novalis, um dem Individuum seine Würde zurückzugeben.

Jedes Kapitel markiert einen Schritt in eine selbstbestimmte Haltung in der Frage der Prüfungen. Der Autor zeigt die ersten Schritte vor. Lassen wir uns anregen, eigene, weitere Schritte zu tun!

Florian Osswald (Leitung der Pädagogischen Sektion am Goetheanum in Dornach)

Vorwort

»So lass ich mich nicht prüfen!« Diese Empfindung ist in Deutschland gesellschaftlich fast so weit verbreitet wie der Stoßseufzer: »So werde ich halt geprüft!«[1] Da ist das Altenheim, dessen Mitarbeiter[2] innerlich revoltieren, wenn ihre Einrichtung bei einer Qualitätsprüfung wie ein Industriebetrieb behandelt wird. Als würde sich durch ständige Dokumentation und durch äußerliche Parameter die Beziehungsqualität verbessern, auf die ihre Bewohner doch so angewiesen sind. Da ist die Referendarin, die nach einem Jahr die Lehrerausbildung hinschmeißt. Denn sie hat eine Phobie gegenüber Unterrichtsbesuchen entwickelt, nach denen sie sich regelrecht zerlegt fühlt. Da ist der Schüler, der nach 12 oder 13 Schuljahren eine tiefe Abneigung gegen die mit dem Abitur verbundenen Rituale empfindet: gegen die Fehlersuche der Korrektoren, gegen die Verengung der pädagogischen Bühne auf Prüfungsvorbereitung, gegen Notenfetischismus und Rotstift. Abneigung, Phobie, innere Revolte – der lautlose Aufstand gegen das Prüfungswesen krankt an Kraftlosigkeit. Aber auch an Gleichgültigkeit gegenüber den Ursachen der Misere. Oder an Phantasielosigkeit, was die Möglichkeit betrifft, Prüfung anders zu denken. Die vorliegende Essaysammlung versteht sich als ein Beitrag gegen Resignation und Anpassung.

Geprüft wird, was die Angst übrig lässt! Diese Einschätzung findet bei vielen Menschen Zustimmung. Allein 40 % aller Studierenden, so schätzen Psychologen, leiden unter Prüfungsangst. Sie befürchten, dass diese Schwäche ihr Leistungsvermögen gravierend einschränkt. Lampenfieber, Blackout, die Furcht sich zu blamieren oder bloßgestellt zu werden, diese Phänomene beeinträchtigen Menschen aller Altersgruppen in ihrer Lebensplanung. Auf der anderen Seite weiß jeder: Prüfungen gehören zum Leben bis ins hohe Alter. Schulische oder universitäre Prüfungen erscheinen nur als Sonderfall einer biografischen Herausforderung. »Eine Zeit ohne Prüfungen bedeutet Stillstand«[3], meint der

1   Der Titel geht auf Dr. Stefan Ackermann zurück, den Gründer der Firma SocialCert (München). Er beschäftigt sich seit Ende der 1990er Jahre mit einer neuen Prüfkultur in sozialen Einrichtungen. Ihm verdanke ich manche Anregung. Siehe: http://www.so-lass-ich-mich-nicht-pruefen.de (zuletzt abgerufen am 28. 04. 2018).
2   Gemeint sind Mitarbeiterinnen und Mitarbeiter. Auch im Folgenden mögen sich bei Gruppenbezeichnungen immer alle Geschlechter angesprochen fühlen.
3   »Nicht hetzen! Der Grünen-Politiker Robert Habeck über Prüfungen und Glücksbringer« – Interview von Katrin Schmidekampf in: ZEIT Abitur, Nr. 42, Oktober 2017, S. 23.

Umweltminister von Schleswig-Holstein, Robert Habeck, nach gut fünf Jahren im Ministeramt mit unzähligen Redeanlässen vor vielen Menschen.

Der Autor dieser Essay-Sammlung kommt selber aus der Praxis. Nach 28 Jahren Lehrerdasein und jährlichen Prüfungserfahrungen in den Bereichen Hauptschule, mittlere Reife und Abitur an Waldorfschulen ist ihm das Milieu der Abschlüsse so vertraut wie fragwürdig.

Warum hat das Abitur in Deutschland einen so hohen Stellenwert, ja einen Nimbus, obwohl die Regeln, unter denen die Leistungen und ihre Bewertungen zustande kommen, pädagogisch fragwürdig erscheinen, wie sich bei näherer Betrachtung zeigt? Warum werden Alternativen wie das Portfolio, eine Form der »direkten Leistungsvorlage«, zwar in den Feuilletons diskutiert, aber auf Behördenebene nicht wirklich ernst genommen? Da Prüfungen vom Ende der Schullaufbahn aus das ganze System ergreifen, steht mehr auf dem Spiel als nur das Finale. Der Untertitel dieser Schrift trägt dieser Erweiterung Rechnung, indem er die Energie des »bewertenden Blicks« in die Betrachtung einbezieht.

Die vorliegende Arbeit begegnet dem Thema Prüfungen zunächst diagnostisch. Das juristische Gewand der Reifeprüfung und die Geschichte des Abiturs in Deutschland werden in einem kulturgeschichtlichen Überblick dargestellt und im Hinblick auf zentrale Symptome untersucht. Dabei steht die Frage im Raum, ob nicht die »linkshirnige« Ausrichtung der Schule, gegen die sich alle Reformpädagogen wehren, auf wenig durchschaute kulturelle Prägungen zurückgeht. Denn das preußische Abiturreglement von 1788 lässt sich auf Übernahmen aus China zurückführen, die durch Jesuitenmissionare seit 1600 in Europa bekannt wurden und bei Frühaufklärern wie Christian Wolff zu Anfang des 18. Jahrhunderts große Anerkennung fanden.

In einem zweiten Schritt soll gefragt werden, welche pädagogischen Leitbegriffe und Handlungsfelder sich ergeben, wenn man die Oberstufenpädagogik nicht auf Abschlüsse ausrichtet, sondern darauf, den Heranwachsenden zu biografischen Aufschlüssen zu führen.[4] Dabei wird Waldorfpädagogik als »Ich-Pädagogik«[5] betrachtet. Die Annäherung an den schillernden Begriff des menschlichen Ichs soll von zwei Seiten erfolgen: kulturgeschichtlich über den Dichter-Philosophen Friedrich von Hardenberg (1772 bis 1801). Er hat als Schüler des Ich-Philosophen Fichte den Wesenskern der menschlichen Individualität neu gefasst und in seinem aphoristischen Werk die Facetten der Ich-Entwicklung sowohl inhaltlich wie methodisch originell ergriffen und gestaltet. Die zweite Form der Annäherung soll anthropologisch erfolgen. Dabei soll der Blick für die vier »oberen Sinne« geöffnet werden, die im Kreis der von Rudolf Steiner unterschiedenen zwölf Sinne für die Pädagogik der Oberstufe zentral erscheinen: Hörsinn, Wortsinn, Gedankensinn und Ich-Sinn. Hinter diesen Exkursen steht der Versuch, an die Stelle des formaljuristischen Begriffs von »Reife«, der dem staatlichen Prüfungswesen zugrunde liegt, einen inhaltlich gefüllten Reifebegriff zu setzen.

Im letzten Teil werden Aufbruchmotive für Unterricht und Lehreralltag skizziert. Wer seine Aufmerksamkeit weg von einer Ergebnisorientierung wieder mehr auf Lernprozesse und auf ich-erweckende Begegnungen richten möchte, der kann hier Anregung finden. Ein Leitmotiv dieser Texte liegt in der Frage, wie unsere Schüler von »Bildungstouristen«[6] wieder mehr zu »Bürgern« werden, die Mitverantwortung für schulische und soziale Prozesse übernehmen. Dabei wird sich zeigen, dass die Verwandlung der Lernprozesse dann gelingen kann, wenn auch die Lehrenden daran arbeiten, ihre eigenen Berufsbiografien »aufzuschließen«. Durch welche Methoden können wir das Lernen im Lehren wieder mehr entdecken und kultivieren? In diesem Zusammenhang soll das weite Feld der Praxisforschung erkundet werden.

In der Darstellung habe ich mich bewusst gegen die Form einer systematischen Abhandlung entschieden. Das weite Feld schulischer Prüfungen erscheint auf den ersten Blick als ein trockenes, von strengen Traditionen, behördlichen Vorgaben und kulturellen Gewohnheiten zementiertes Feld. Gegen die Macht dieser alt-ehrwürdigen Formen anzuschreiben, dafür schien mir nur eine lebendige und offene Form geeignet. Der Essay als Gedankenspaziergang hat diese Kraft, zumal er auch persönlichen Erfahrungen und provokanten Zuspitzungen Raum gibt. Der geneigte Leser bzw. die geneigte Leserin hat die Wahl, einzelne Texte für sich zu lesen und andere zu überspringen. Eine Kenntnis der Waldorfpädagogik und ihrer Grundlagen wird nicht vorausgesetzt. Gleichwohl entstammen die wichtigsten Einsichten wie auch die Impulse für die Praxis meinem über 30-jährigen Studium anthroposophischer Schriften, meinen Erfahrungen im Klassenzimmer, aber auch unzähligen Gesprächen mit Heranwachsenden, mit Kolleginnen und Kollegen und mit Eltern.

Die Publikation ist Ausdruck einer langjährigen Tätigkeit als Oberstufenlehrer. Augenzwinkernd habe ich meine Gesprächspartner bisweilen darauf hingewiesen, ich stammte aus dem »Rotstift-Milieu«. Der unbestechliche Kommissar, mit dem Rotstift auf Fehlersuche, geprägt von einer Berufsdeformation, die sich aller persönlichen Mangelerfahrungen zum Trotz einer hohen gesellschaftlichen Anerkennung erfreut. Wer prüft, so ist meine Erfahrung, hat einen hohen Status – ob er will oder nicht. Auf diesem Sockel fällt die kritische Selbstbefragung nicht so leicht. Im Schreiben habe ich versucht, meiner eigenen Prägung auf die Spur zu kommen und die Möglichkeiten zu umreißen, die

4   Das Gegensatzpaar »Aufschlüsse statt Abschlüsse« stammt von Dietrich Esterl (geb. 1934) aus Stuttgart, der ab 1945 Waldorfschüler an der Uhlandshöhe war und nach einem Studium der Geschichte, Germanistik, Altphilologie und Philosophie als Oberstufenlehrer an die »Mutterschule« der Bewegung zurückkehrte und in der Lehrerbildung Jahrzehnte lang aktiv war.

5   Begriff bei Jost Schieren, der seit 2008 eine Professur für Schulpädagogik mit Schwerpunkt Waldorfpädagogik an der Alanus-Hochschule in Alfter bekleidet.

6   Nach Carl Roger sind Touristen passive, kaum am Klassengespräch beteiligte Schüler, die wenig bemüht seien, mehr als notwendig zu arbeiten und die sich kaum mit dem Klassengeschehen identifizieren. Bürger dagegen sind kooperativ, initiativ und engagiert; sie arbeiten in kleinen Lerngruppen, entwickeln neue Ideen und Lernformen, sie treiben Projekte voran und sind im Schulleben aktiv eingebunden. Näheres dazu bei Brigitte Pietschmann: Überarbeitete Lehrer, unterforderte Schüler. In: Erziehungskunst (= EK) Juni 2002.

Folgen dieser Prägung abzuschwächen. Die Spurensuche beginnt in der Vergangenheit, d. h. bei der Bildungs- und Kulturgeschichte. Sie durchläuft die Gegenwart und mündet in ein Bemühen, Zukunftsaufgaben zu formulieren. Wenn die alte Prüfung misst, »was die Angst übrig lässt«, dann könnte der Zukunftsruf an die Pädagogen darin bestehen, den Mutkräften Geltung zu verschaffen – in der Begleitung von Heranwachsenden und in der Selbstentwicklung.

Der Fließtext wird immer wieder durch kleine Karikaturen zum Prüfungswesen unterbrochen, die aus der Feder des Künstlers Klaus-Martin Grebe stammen. Sie sind nicht als bloße Illustrationen gedacht! Vielmehr eröffnen sie einen eigenen Deutungsraum im Umgang mit der Thematik. Sie unterbrechen die Bleiwüste des Geschriebenen und regen zum Nachsinnen, vielleicht auch zum Schmunzeln an. Die künstlerische Annäherung an das weite Feld der Prüfungen entspricht meiner grundlegenden Überzeugung: Angst und Enge lassen sich mit Humor bekämpfen!

Mögen die Texte dazu beitragen, dem Urphänomen der Prüfung vor einem weiten Horizont neue Einsichten abzugewinnen und Impulse zu setzen, die langfristig dazu beitragen können, den bewertenden Blick zu verwandeln.

Balingen, im Juni 2018

Teil 1
Das Prüfungswesen – eine Diagnose

Je höher eine Prüfung angesiedelt ist, desto mehr beanspruchen Juristen gegenüber Pädagogen die Lufthoheit.

Die Signatur von schulischer Abschlussprüfung heute

Wer in Deutschland prüft, der sieht sich von einer Fülle juristischer Vorgaben umstellt. Sie sorgen gewöhnlich für Klarheit. Zugleich kühlen sie die pädagogische Wärme im Beziehungsfeld Lehrer – Schüler deutlich ab. Im Bildungsbereich gilt: Die Vielfalt an Auflagen und der Grad an Strenge steigen mit der Höhe des Abschlusses.

Prüfungsrecht

Dies lässt sich leicht an der Anzahl der Korrektoren und der Gutachten ablesen, die in einem Bundesland wie Baden-Württemberg (also im romanisierten Teil Deutschlands) in der schriftlichen Prüfung zum Einsatz kommen. Analog nehmen auch die Korrekturfarben (rot, grün, braun) und der Geheimnisgrad zu[7]. Will ein Waldorfschüler den Hauptschulabschluss erreichen, so trifft er nur auf seinen korrigierenden Fachlehrer, denn die Anerkennung erfolgt im Schulamt im Rahmen eines bloßen Feststellungsverfahrens. Die Leistungen der Schüler müssen gleichwertig, nicht gleichartig sein. In der Realschulprüfung, die wie das Abitur an landesweit festgelegten Prüfungstagen zentral stattfindet, wird die schriftliche Leistung von zwei Korrektoren geprüft, die sich in der Regel persönlich kennen. In der Abiturprüfung steigt dann nicht nur die Anzahl der Korrekturzeichen markant. Hier gibt es neben dem Erst- und Zweitkorrektor auch einen Drittkorrektor und nur hier, wo es um die Hochschulreife geht, werden schriftliche Gutachten erstellt – eines vom Erst-, das andere vom Zweitgutachter. Aus juristischen Gründen gibt es unter den korrigierenden Lehrern keinen Kontakt. Nicht einmal ihre jeweiligen Herkunftsschulen sind den ersten beiden Gutachtern bekannt. Vor dem Versand der Klausur an den Zweitkorrektor werden die Klausurbögen im Abiturbereich durch Abtrennen der Namenszeile anonymisiert. Auch das Gutachten des Erstkorrektors bleibt geheim – nur der Drittkorrektor darf es einsehen.

Manchem Schüler mögen die Prüfungslehrer wie eine machtvolle Priesterkaste erscheinen. In strenger Hierarchie, mit unterschiedlichen Rechten versehen, sind sie ihrem

7 Dem Kenner wird in der folgenden Skizze ein Blick auf die gerade an Waldorfschulen verbreitete Fachhochschulreife fehlen. Es geht dem Autor aber nicht um Vollständigkeit, sondern um Symptome der Prüfungslandschaft.

Gesichtsfeld weitgehend entzogen und entscheiden doch in gewisser Weise über ihr Schicksal. Nur in der mündlichen Prüfung haben die Heranwachsenden die Möglichkeit, den prüfenden Kolleginnen und Kollegen ins Auge zu schauen und zeitnah den Grund für eine Bewertung zu erfahren. Der »okkulte« Charakter der höheren Prüfungen trägt gewiss zu ihrem Nimbus bei.

Nun ist das Gewicht der staatlich regulierten Abschlussprüfungen an Waldorfschulen deutlich höher als an staatlichen Schulen. Dies lässt sich am Format der Abiturprüfungen besonders gut zeigen. Während an staatlichen Gymnasien »Ansammlungsprüfungen« durchgeführt werden, durchlaufen die Waldorfschüler die sog. »Ad-hoc-Prüfung«. Was heißt das? Ein staatlicher Gymnasiast sammelt in seinen letzten beiden Schuljahren in den prüfungsrelevanten Fächern Punkte. Dieses Polster macht zuletzt fast 2/3 der Abiturnote aus. Ein ganz anderes Bild ergibt sich für die Waldorfschulen. Hier setzt sich die Abschlussnote zu 85 % aus den schriftlichen und mündlichen Leistungen zusammen, die »ad hoc« an den Prüfungstagen am Ende der 13. Klasse erzielt werden. Die Jahresleistung eines Schülers geht nur zu etwa 15 % in die Gesamtrechnung ein[8], und zwar über die sog. Hospitationsfächer. Hier findet keine Prüfung, sondern nur eine Überprüfung der Unterrichtsqualität statt. Warum werden die Prüflinge aus verschiedenen Schultypen so unterschiedlich behandelt?

Waldorfschüler haben rechtlich den Status »Nichtschüler«, weil sie nicht einer Versetzungsordnung unterliegen. Da es in der Waldorfschule keine Noten gibt und damit das Instrument der Versetzungsordnung nicht greift, können sie rechtlich nicht als Schüler behandelt werden. Schüler ist nur, wer auch nicht versetzt werden kann. Wer immer versetzt wird, kann deshalb nur als »Nichtschüler« gelten. Dies gilt an Waldorfschulen besonders, weil das Prüfen und die Vergabe von Zeugnissen im gewöhnlichen Rechtsverständnis unter die hoheitsrechtlichen Befugnisse fallen. Diese können aber nur von Angehörigen des öffentlichen Dienstes ausgeführt werden. Da die wenigsten Waldorflehrer über einen Beamtenstatus verfügen, werden die Waldorfschulen bis in die Prüfung hinein als »Schulfremde« behandelt. Die an der Waldorfschule erzielten Prüfungsergebnisse werden nur deshalb anerkannt, weil sie und insofern sie unter Anwesenheit von beamteten Kolleginnen und Kollegen der benachbarten Realschulen oder Gymnasien erzielt werden. Zusammenfassend kann man sagen: Waldorfschüler werden in Baden-Württemberg einer »modifizierten Nichtschülerprüfung« unterzogen.

Prüfung, Überprüfung, Nichtprüfung, Feststellung, gleichwertig und gleichartig, Schüler und Nichtschüler – die Autonomie freier Schulen hat scharf formulierte Grenzen. Sie werden an jeder Schule lange vor den Prüfungstagen akribisch abgesteckt wie die Konturen von Hoheitsgebieten mit eigenen Regeln. Diese Systeme zu durchschauen braucht ein großes Maß an Nüchternheit und Sachverstand. Über die Jahrzehnte hat sich an den Waldorfschulen ein gutes Klima der Zusammenarbeit mit den Vertretern der umliegenden Regelschulen und zuständigen Behörden herausgebildet. Dabei mussten beide Gruppen dazulernen. Die beamteten Kolleginnen und Kollegen der staatlichen Schulen mussten lernen, dass ein Schüler auch auf anderen Wegen zum selben Abschluss gelangen kann. Und die Waldorfkollegen mussten lernen, dass das Prüfungsfeld auch mit der nüchternen Brille des Juristen zu betrachten ist und dabei eine andere Dynamik herrscht als in dem ganzheitlich angelegten Lernprozess ihrer pädagogischen Herkunft.

Das Abitur gilt wie alle Hochschulprüfungen in Deutschland als eine »berufsbezogene Prüfung«. Rechtlich gesehen stehen sich dabei zwei Parteien gegenüber, nämlich Prüfer und Prüfling. Beide haben Rechte und Pflichten. So muss der Prüfer dem Prüfungsergebnis »neutral und unbefangen« gegenüberstehen, d. h., er darf keine eigenen Rechtsinteressen haben. Der Prüfling bleibt auch in der Prüfung ein Träger von Grundrechten. Zu diesen gehört etwa die Chancengleichheit (vergleichbare Anforderungen für vergleichbare Prüflinge), aber auch die Berufsfreiheit, d. h. »das Recht aller Deutschen, Beruf, Arbeitsplatz und Ausbildungsstätte frei zu wählen« (Art. 12, 1 GG). Fühlt sich ein Prüfling durch die öffentliche Gewalt, etwa durch Schulbehörden, in seinen Rechten verletzt, so steht ihm der Rechtsweg offen. Diese Option nennt man Rechtsweggarantie (Art. 19, 4 GG). 1991 wurde das Prüfungsrecht durch Beschlüsse des Bundesverfassungsgerichts reformiert. Dabei wurde der Bewertungsspielraum des Prüfers verkleinert, um die Gefahr von willkürlichen Entscheidungen zu bannen. Zu den Kennzeichen des neuen Prüfungsrechts gehört es, dass Bewertungsmaßstäbe einer gesetzlichen Grundlage bedürfen und dass die Bewertung nachvollziehbar begründet werden muss. Sowohl der Prüfer wie der Prüfling bei seiner Antwort haben einen gewissen Spielraum. So darf der Prüfling eine Meinung haben, die von der des Prüfers abweichen kann.

In Deutschland, wo die Kultushoheit Ländersache ist, wachen 16 Ministerien darüber, den Wert des Abiturs zu garantieren und zu schützen. Gerade das Abitur ist in Deutschland eine »heilige Kuh«, an der nicht gerührt werden darf. Denn mit diesem höchsten Schulabschluss sind gesellschaftliche Weichenstellungen verbunden, die als unverzichtbar gelten und die eine hohe Anerkennung genießen: Legitimation, Allokation und Selektion.

Was bedeuten diese Schlagworte?

Der höchste Schulabschluss legitimiert den Abiturienten dazu, sich auf einer Hochschule einschreiben zu können. Die Hochschulzugangsberechtigung ist seine Legitimation. Des Weiteren hat das Abitur die Funktion der Allokation. In der Wirtschaft versteht man unter diesem Begriff die Verteilung von Kapital, Produktionsmitteln oder Material. In unserem Bildungskontext meint Allokation die Zuweisung von Berufschancen. Darüber hinaus ist die Abiturprüfung ein Mittel zur Selektion. Sie sondert die jungen Menschen nach intellektueller Begabung und Leistungsfähigkeit. Damit markiert das Abitur

---

8   Die Zahlen finden sich in der anregenden Arbeit von Monika Riedlinger: Der eigene Waldorfabschluss, vom Berechtigungswesen zum Befähigungswesen – ein Beispiel dafür, wie soziale Teilhabe gelingen kann. Manuskriptdruck Edition Waldorf 2006, S. 29.

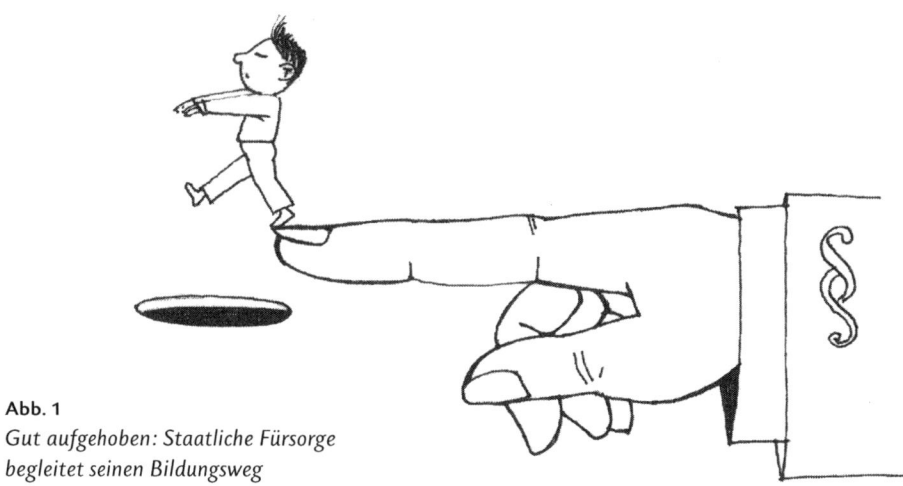

Abb. 1
Gut aufgehoben: Staatliche Fürsorge
begleitet seinen Bildungsweg

eine Art gesellschaftspolitische Wasserscheide mit durchaus dramatischen Folgen für unzählige Jugendbiografien.

Berechtigung, Zuweisung, Aussonderung – drei starke Gesellen im sozialen Gefüge einer Gesellschaft. Fast fühlt man sich an die »drei Gewaltigen« aus dem vierten und fünften Akt in Goethes Menschheitsdrama Faust II erinnert. Raufebold, Habebald und Haltefest, die Allegorien auf Krieg, Handel und Piraterie, treten dort als Knechte Mephistos auf und unterstützen ihn dabei, den Wunsch des alten Faust nach einer Zwangsumsiedlung seiner friedlichen Nachbarn Philemon und Baucis durchzusetzen. Fasziniert und wohl auch betrübt erlebt der Besucher von Goethes Schauspiel, dass die Kollateralschäden dabei groß sind. Während die drei Gewaltigen im Drama dabei helfen, das »Recht des Stärkeren« durchzusetzen und die geplante Umsiedlung in Raub und Mord verwandeln, sind die drei genannten Bildungsmechanismen eingebettet in einen Rechtsstaat, der auf die »Stärke des Rechts« vertraut. Das Prüfungsgeschehen steht aus Sicht der Betroffenen aber oft in einer Spannung zwischen behauptetem Recht und erlebtem Unrecht.

Nehmen wir Philemon und Baucis als beseelte Vertreter einer alten Lebensweise, die auf Frömmigkeit, Naturnähe und Humanismus gegründet ist, so kommen sie im faustischen Zugriff der Moderne unter die Räder. Wobei Faust für sein Treiben keine Verantwortung übernehmen will. Auch das Prüfungswesen bringt Kollateralschäden mit sich, die oft erst mit zeitlicher Verzögerung sichtbar werden. Vor dem Hintergrund einer 30-jährigen Erfahrung als Oberstufen- und Prüfungslehrer in den Fächern Mathematik und Physik hat der Waldorflehrer Markus von Schwanenflügel die Problematik von Abschlusszeugnissen beleuchtet, die mit Ehemaligen verbunden bleibe »wie ein Brandzeichen«.[9] Auf der Suche nach einem Bild für die oft unbemerkte Kraft, mit der das Berechtigungswesen in den pädagogischen Raum gerade der Waldorfschulen hineinwirkt, hat von Schwanenflügel zu einer interessanten Metapher gegriffen. Wie ein »wuchernder unsichtbarer Pilz«[10] durchdringen, so der Autor, die Wirkungen des Berechtigungswesens den Schulalltag. Die Prüfungsorientierung verändert wie ein Myzel, das sich unterirdisch ausbreitet[11], nicht nur die Motivation der Schüler, sondern auch ihre Beziehung zu den Lehrern, die Richtung ihrer Interessekraft, die Gewichtung bestimmter Lerninhalte und -methoden. Auch die Lehrer in ihrem pädagogischen Selbstverständnis sowie Eltern stehen oft im Sog dieser unterirdischen Wucherungen. Wer verantwortet dieses schattenhafte Energiefeld, das von vielen als eine Art Naturgeschehen erlebt wird, obwohl es, wie zu zeigen sein wird, menschengemacht ist? Letztlich liegt der Ball bei den Kultusministerien, die seit 1948 über das permanent tagende Organ der Kultusministerkonferenz KMK verbunden sind. Sie nehmen die Aufgabe wahr, über die Qualität und Trennschärfe des Abiturs zu wachen und sind insofern »hoch konservative Einrichtungen«[12].

Gegen alle Grundrechtseingriffe muss dem Prüfling ein effektiver Rechtsweg offenstehen. Das deutsche Prüfungsrecht zählt unter das Verwaltungs- und Verfassungsrecht. Es bezieht sich nur auf staatliche und durch Gesetz geregelte Prüfungen. Zu diesen zählen alle berufsbezogenen Prüfungen. Die bei Prüfungen gültige Rechtsnorm ist die Prüfungsordnung, in der Regel eine untergesetzliche Norm im Rang einer Verordnung. Sie muss Prüfungsablauf, Anforderungen und Maßstäbe der Prüfung regeln sowie die Noten inklusive der Bezugsgrößen (z. B. die zu erreichende Punktzahl) definieren.

Seit vielen Jahren ist die Kultusministerkonferenz KMK, der Zusammenschluss aller Landesminister bzw. Senatoren der 16 Bundesländer in diesem Bereich, unter Druck, weil die regelmäßig erhobenen internationalen Schulleistungsstudien TIMSS und PISA die Defizite des deutschen Schulsystems im Hinblick auf seine berufs- und studienvorbereitende Funktion aufzeigen.[13] Besonders die Lesekompetenz von 15-Jährigen reichte

9 Markus von Schwanenflügel: Die Korruption der Pädagogik durch ihr Ende. Über die Fragwürdigkeit von Abschlusszeugnissen. In: EK Mai 2009, S. 524.

10 Markus von Schwanenflügel: Zentralabitur – das kleinere Übel? In: EK Dezember 2000, S. 1369.

11 Myzele bestimmter Pilzarten gehören zu den Lebewesen der Superlative. So wurde in einem Nationalpark in Oregon (USA) ein Pilz-Exemplar des Hallimasch entdeckt, dessen Myzel sich über rund 9 Quadratkilometer (965 Hektar) erstreckt. Dieser Pilz ist bezogen auf seine Fläche das größte Lebewesen der Erde. Sein Gewicht beträgt schätzungsweise 600 Tonnen. Näheres s. https://de.wikipedia.org/wiki/Dunkler_Hallimasch.

12 Jost Schieren: Kritische Gedanken zum SSC (Steiner-School-Certificate). In: Lehrerrundbrief des Bundes der Freien Waldorfschulen, Februar 2016, S. 310. Der Autor, Professor für Schulpädagogik mit Schwerpunkt Waldorfpädagogik an der Alanus-Hochschule in Alfter bei Bonn, äußert sich in dem kurzen Beitrag kritisch gegenüber gewissen Bestrebungen innerhalb der Waldorfbewegung, langfristig aus dem Abitur auszusteigen und stattdessen für die gesellschaftliche Anerkennung eines eigenen Waldorfabschlusses als Hochschulzugang zu kämpfen.

13 Darauf weisen etwa die Bildungsforscher Olaf Köller und Jürgen Baumert in ihrem Artikel »Das Abitur – immer noch ein gültiger Indikator für die Studierfähigkeit?« hin. In: Aus Politik und Zeitgeschichte 2002, Bundeszentrale für politische Bildung, als online-Text erschienen am 15. 07. 2002.

auch bei 5 bis 10 Prozent der getesteten Gymnasiasten nicht aus, um »kontinuierliche und nicht kontinuierliche Texte mit Verstand zu lesen, sodass Textinhalte richtig wiedergegeben, gehaltvoll interpretiert und kritisch reflektiert werden können« – so lautet der Befund von 2002. Das Abitur und die damit verbundenen Erwartungen nach vertiefter Allgemeinbildung, wissenschaftspropädeutischer Vorbereitung und allgemeiner Studierfähigkeit erscheinen als Dauerbaustelle. Sollten Hochschulen dazu übergehen, eigene Eingangsprüfungen einzuführen, droht eine Entwertung des Abiturs. Schon heute erweist sich das Abitur ja in vielen Fällen als wertlos, da seit mehr als einem halben Jahrhundert Zulassungsbeschränkungen, der gefürchtete Numerus clausus (NC), dazu führen, die freie Berufswahl gravierend einzuschränken.[14] Das bildungspolitische Versprechen der alten Bundesrepublik scheint zur hohlen Phrase geworden zu sein. Sogenannte NC-Flüchtlinge studieren inzwischen zu tausenden in Osteuropa. Der NC zum Medizinstudium, wo mittlerweile fast fünf Bewerber um einen der 9176 Studienplätze (Stand Wintersemester 2017/18) buhlen und viele Interessenten vor mehrjährigen Wartezeiten kapitulieren, wurde im Dezember 2017 vom Bundesverfassungsgericht gekippt.[15] Die Abiturienten haben sich jedenfalls an ihre Rolle als Bildungsbittsteller gewöhnt. Gerade beim Arztberuf, für den die soziale Kompetenz besonders wichtig ist, zeigt sich der Irrsinn des Systems. Denn Studierfähigkeit, die man aus einem Abiturschnitt von 1,0 herauslesen mag, entspricht keineswegs der Berufsfähigkeit.

Es liegt auf der Hand, dass zwischen der juristischen, der bildungspolitischen und der pädagogischen Perspektive auf das Thema Prüfung ein gewaltiger Abgrund liegt. Dies wird schon daran deutlich, dass das Prüfungsrecht im frühen 19. Jahrhundert entstanden ist[16] – also in einer Zeit, in der man sich für die inneren Vorgänge des Lernens kaum interessierte. Ein Anliegen meiner Ausführungen besteht darin, den gravierenden Unterschied zwischen beiden Sphären herauszuarbeiten. Wenn sich Prüfung nur zwischen Vorgaben (Soll) und Bestand (Ist) abspielt, dann verliert man das Kind und den Pädagogen! Exemplarisch möchte ich zunächst auf zwei Eigenarten aufmerksam machen, die mit modernen Prüfungsverfahren einhergehen: Anonymität und Geheimhaltung.

Anonymität

Zur Geschichte des modernen Menschen gehört sein Bedürfnis, als Wesen mit einem unverwechselbaren Ich wahrgenommen zu werden. Mit dem Erwachen der Individualität im Zeitalter der Renaissance geht der Durchbruch einer Gattung von Kunstwerken einher, die die europäischen Museen zwischen Madrid und Berlin überschwemmen: die Portraitmalerei. Der mittelalterliche Goldhintergrund verschwindet und wird von Landschaften ersetzt, die mit Hilfe der Zentralperspektive erschlossen werden. Die Heiligen Drei Könige, in der mittelalterlichen Buchmalerei noch typenhafte Gestalten in verschiedener Hautfarbe und von unterschiedlichem Lebensalter, erhalten durch die Renaissance-Maler individuelle Gesichter. In ihrem Gefolge entdeckt man plötzlich führende Vertreter z. B. der Familie Medici, die als Stifter der sakralen Kunst gewürdigt werden wollen. Wo im Mittelalter nur die Bauhütte ihr Zeichen hinterließ, da finden sich nun selbstbewusste Hinweise darauf, wer ein Kunstwerk erschaffen hat.

Im scharfen Gegensatz zu diesem Bedürfnis des modernen Menschen nach erkennbarer Individualität steht die Tendenz zur Anonymisierung im Prüfungswesen. Im Korrekturverfahren des Abiturs wird der Name des Schülers, sobald die Klausurbögen den Erstkorrektor verlassen, abgetrennt. Nichts soll in der Begegnung des Zweitkorrektors mit dem Werk zählen als die bloße Sache. Die Leistung und das Verfahren der Begutachtung werden objektiviert, das heißt ihrer Verbindung mit einer konkreten Lebensgeschichte oder einem pädagogischen Kontext entrissen. Auf der ersten Korrekturebene kennen sich Prüfer und Prüfling noch – unter juristischen Gesichtspunkten ein Missstand, den es nun zu beseitigen gilt. Seit der Entstehung des modernen Staates ist Anonymität ein Schlüsselthema unserer Gesellschaft. Die bürokratische Ordnung, auf die jeder Staat angewiesen ist, verwandelt das Ich in eine Nummer – eine Sozialversicherungsnummer, eine Steuernummer, eine Kindergeldnummer oder in die ID auf dem Personalausweis. Obwohl es in Artikel 1 des Grundgesetzes heißt »Die Würde des Menschen ist unantastbar«, so gilt diese Verwandlung nicht als Verstoß gegen ein fundamentales Menschenrecht. Denn nur der registrierte Mensch hat Anspruch auf staatliche Fürsorge wie Schutz, Bildung oder Subventionen. Anonymität und Würde stehen gewiss in einem Spannungsverhältnis – auch im Prüfungsgeschehen. Anonymisiere ich den Prüfungsaufsatz, so ist es leichter, ihn jener Begutachtung und Bewertung zu unterwerfen, die der staatlich reglementierten Bildung entspricht. Die Distanz zwischen dem Subjekt des Korrektors und dem Objekt, hier der Schülerarbeit, wird größer. Im Bewertungsakt hat der Korrektor nur noch die Kriterien an die Arbeit anzulegen, die ihm durch die Kultusbürokratie vorgegeben sind. Der Anonymisierung auf Schülerseite entspricht die Versachlichung des Korrekturvorgangs auf Lehrerseite. Kriterien-Listen, fixe Korrekturzeichen, Lösungshinweise – mit diesem Besteck hat sich der Korrigierende seinem Gegenstand zu nähern. Was im pädagogischen Raum an erster Stelle steht, ein von Empathie geprägtes Beziehungsgeschehen, verwandelt sich im Raum der Prüfung in das Gegenteil: in ein von Distanz geprägtes Bewertungsgeschehen. Jemanden zu bewerten heißt in dieser Tradition, die

14   In Berlin sind mittlerweile 58 Prozent aller Studiengänge zulassungsbeschränkt, in Köln 65 und in Hamburg 68 Prozent. Deutschlandweit liegt der Anteil bei 42 Prozent. Näheres s. Astrid Herbold: Kippt der NC? In: Die ZEIT Nr. 40 vom 28. 09. 2017.

15   Die Karlsruher Richter verlangten zahlreiche Änderungen im Vergabeverfahren für Medizin-Studienplätze. Diese Änderungen betreffen die Vergabe nach Abiturnote und nach Wartezeit, aber auch nach Auswahlkriterien durch die Hochschulen selbst. Der Gesetzgeber hat für die Umsetzung zwei Jahre Zeit. Näheres s. Handelsblatt vom 19. 12. 2017: »Verfassungsgericht kippt Zulassung zum Medizinstudium«.

16   Rainer Bölling: Kleine Geschichte des Abiturs. Paderborn 2010, S. 40 nennt die Prüfungsordnungen von 1834, 1856, 1882, 1901 als früheste Regelungen.

Beziehung zu ihm abzubrechen. Je mehr der pädagogische Raum vom Prüfungsgeschehen dominiert wird, desto mehr steht der Pädagoge in Gefahr, seine wichtigste Kraft zu verlieren: seine Empathie für den Heranwachsenden. In der Prüfung, so empfinden es viele Schüler, steht auch die Beziehung zwischen ihm und seinem Lehrer auf dem Prüfstand. Dies ist bei Abschlussprüfungen besonders einschneidend, weil es dem Schüler zunächst verwehrt ist, das Gutachten des Korrektors einzusehen. Damit fehlt ihm die Grundlage, die Bewertung – sofern sie von seiner Selbstbewertung abweicht – nachzuvollziehen. Der pädagogische Raum als ein Feld von Begleitung und Entwicklung verwandelt sich in der Prüfung zu einer Art künstlichem Labor, in dem Macht und Ohnmacht, Herrschaft und Unterwerfung erlebt werden. Die Schwelle zwischen beiden Räumen ist die Anonymität.

Geheimhaltung

Der Prüfungsvorgang unterliegt einer strengen Diskretion. Er findet in abgeschlossenen Räumen statt. Anwesende Personen sind nur das Prüfungskollegium und der Prüfling. Nur der Gesamtvorsitzende hat das Privileg, spontan einer Prüfung beizuwohnen, um sich einen Eindruck davon zu verschaffen, dass der gesamte Prüfungsablauf regelkonform verläuft. Andere Besucher, etwa Kollegen in der Ausbildung, sind anzumelden. Die Notengebung wird nicht ausführlich begründet, ein paar Hinweise müssen genügen. Der Prüfling gibt alle Notizen, die er sich im Vorbereitungsraum gemacht hat, ab. Schon im Vorfeld der Prüfung sind die Anforderungen an die Diskretion sehr hoch. Das Ergebnis der Erstkorrektur bzw. Drittkorrektur bleibt bis eine Woche vor den mündlichen Prüfungen ebenso verborgen. Auch das Gutachten, das die Bewertung des Erst- und Zweitkorrektors begründet, bleibt verschlossen.

In einer gewissen Hinsicht finden Prüfungen in einem okkulten Raum der Schule statt. Diese Gepflogenheit soll den hoheitlichen Akt sowie die beteiligten Gutachter schützen. Der okkulte Status führt aber auch dazu, dass Gesichtspunkte, die aus der Pädagogik kommen, fern bleiben. Das Feedback in Form der Note hat nicht mehr das Ziel, den Lernvorgang zu befruchten und damit die Entwicklung des Schülers anzuregen. Zu lernen und geprüft zu werden sind zwei Aggregatzustände, die streng voneinander getrennt werden. In gewisser Weise ist damit die Prüfung »lernblind«.

Vor dem Hintergrund unserer modernen Bewusstseinshaltung ist die Prüfung ein extremer Sonderbezirk. Denn es entspricht unserer modernen mitteleuropäischen Tradition, Öffentlichkeit herzustellen und damit Teilhabe zu ermöglichen. Öffentlichkeit von möglichst vielen Ereignissen gilt als demokratisches Prinzip. In diese Tradition gehören Parlamentsdebatten wie die sog. Aktuelle Stunde im Bundestag, die von jeder Fraktion im Parlament beantragt werden darf. Aber auch die Öffentlichkeit von Gerichtsverhandlungen, soweit nicht Persönlichkeitsrechte eines Angeklagten oder Zeugen dem entgegenstehen. Schon im griechischen Stadtstaat des 5. Jahrhunderts vor Christus war die Teilnahme an der Öffentlichkeit der Polis auf der Agora, dem Platz der Volksversammlung im antiken Athen, dem freien Bürger vorbehalten. Seit dem Zeitalter der Aufklärung

Ende des 18. Jahrhunderts galten im Deutschen Reich auch Orte wie das Theater, der Salon, das Kaffeehaus oder die Lesegesellschaft als Räume einer neuen Öffentlichkeit, in denen sich eine demokratisch-bürgerliche Kultur unabhängig von den absolutistischen Höfen der damaligen Zeit herausbilden konnte. Die neuen Kommunikationsmöglichkeiten wie Handy und Internet haben die moderne Sehnsucht, Worte und Bilder öffentlich zu machen, um ein Vielfaches verstärkt. Whistleblower, wie der amerikanische Computerspezialist Edward Snowden, haben bislang geheim gehaltene Dokumente der NSA oder der Armee öffentlich gemacht und damit Verstöße gegen Menschen- und Bürgerrechte aufgedeckt. Zugleich kann jeder Privatmensch Bilder aus seinem persönlichen Umfeld öffentlich machen und damit andere Menschen (und sich selbst!) aufwerten oder beschädigen. Die Grenze zwischen öffentlich und privat ist dünner geworden – mit dramatischen Folgen.

Die Geheimhaltung eines Vorgangs wie der Prüfung bedarf in einer demokratischen Gesellschaft immer neu der Rechtfertigung. Schon der Schriftsteller Franz Kafka, ein Experte in Machtfragen, wusste, dass die Geheimhaltung seit je als Machtinstrument gilt. In seinem Roman »Der Prozess« bleibt es dem Angeklagten K. ebenso verwehrt, den Grund für seine Verhaftung zu erfahren, wie er bis zu seiner Hinrichtung am Romanende nicht darüber aufgeklärt wird, wie man zu den obersten Richtern vorstoßen kann und nach welchen Gesichtspunkten geurteilt wird. Es ist nicht zufällig, dass mancher Prüfling psychologisch gesehen die Prüfung wie einen Prozess erlebt, in dem er sich in die Rolle eines Angeklagten verwandelt, der vor einem überdimensionalen Richter Rechenschaft ablegen muss.

Damit ein soziales Geschehen, das Grundqualitäten der Beziehung derart außer Kraft setzt, wie es die Prüfung tut, dennoch pädagogisch keinen Schaden anrichtet, braucht es ein hohes Bewusstsein bei denen, die für den Prüfungsprozess verantwortlich sind. Wird keine Verantwortung übernommen, indem die Prüfer nur auf äußere Regelwerke und Sachzwänge verweisen, so können sich in diesem Vakuum Schattenkräfte ausbreiten, die das Heilsame einer biografischen Herausforderung in ihr Gegenteil verkehren. Zu den Formen einer ich-vergessenen Prüfungskultur rechne ich Phänomene wie bürokratische Kälte, Machtmissbrauch, Narzissmus, aber auch unfruchtbare Abfragemechanismen.

Seit 1834 scheint es in Deutschland wichtiger, dass die Abitur-examina einen Heranwachsenden zu etwas berechtigten, als ihn zu befähigen.

Die chinesische Beamtenprüfung – ein Urbild deutscher Schulexamina?

Nach einem chinesischen Sprichwort braucht man für das Bestehen der Examina die Willenskraft eines Drachenpferdes, die Physis eines Maultieres, die Unempfindlichkeit eines Holzwurms und die Ausdauer eines Kamels. Man ahnt, welche Anstrengungsbereit-schaft den Kandidaten abgefordert wurde! Die Chinesen müssen es wissen: Schon 600 n. Chr. etablierten sie im Kaiserreich die jährlich stattfindenden Beamtenprüfungen – streng hierarchisch gegliedert und generalstabsmäßig geplant. Das Bezirksexamen entschied über den Zugang zur Hochschule. Provinz-, Hauptstadt- und Palastexamen konnten erst nach Abschluss des Besuchs einer Hochschule durchlaufen werden. Tausende von einfa-chen und streng getrennten Prüfungszellen sind überliefert. Nummeriert und nur mit einem Vorhang gegen Sonne und Regen geschützt, lagen sie in einem ummauerten Ge-lände der Provinzhauptstädte. Ein riesiges Areal in der Größe eines Stadtteils. Drei be-wegliche Bretter dienten den Kandidaten als Sitz, Pult und Regal – etwa um Tusche, Pinsel, Reibstein oder ein Wasserglas abzustellen. Hier absolvierten die nur männlichen Probanden mehrere Tage hintereinander ihre Examina unter strenger Aufsicht – bei Wind und Wetter.

Schon damals finden sich alle Kuriositäten modernen Prüfungswesens, mit denen sich auch heutige Abiturienten und ihre Lehrer auseinandersetzen müssen: strengste Klausur, Aufsichtsbeamte und Wachtürme, amtlich-linierte Prüfungsbögen, festgelegte Korrektur-zeichen, Musterlösungen und Betrugsversuche. Hohe kaiserliche Beamte reisten seit dem 13. Jahrhundert zur Leitung auch der Provinzexamen an, je nach Entfernung zwischen 20 und 90 Tage lang. Um das Korrekturritual zu objektivieren und die Handschrift zu tilgen, wurden extra Abschriften der Prüfungsarbeiten angefertigt. Für die Originalarbeiten musste schwarze Tinte verwendet werden, für die Abschriften zinnoberrote. Was für ein Aufwand!

Beamtenprüfungen als Exportschlager

1300 Jahre lang blieben diese Examina in China bestehen – ein Ausdruck ungeheurer Modernität, so scheint es. Im 17. Jahrhundert wurden diese hochspezialisierten Rituale eines rationalen Verwaltungsstaates über Jesuitenmissionare in Europa bekannt und im Zuge einer wachsenden China-Verehrung zum Exportschlager. Der Universalgelehrte

Abb. 2
*Was ein Prüfling für das Bestehen
der Examina braucht*

Gottfried Wilhelm Leibniz (1646–1716) sammelte alle erdenklichen Berichte über die chinesische Kultur und ließ sich von Jesuiten, etwa von Schülern des berühmten Johann Adam Schall, die in China gelebt hatten, persönlich Bericht erstatten. Leibniz sah in Europa einen wachsenden moralischen Verfall. Demgegenüber bewunderte er die Überlegenheit der Chinesen in den »Regeln eines kultivierten Lebens«, also auf dem Gebiet der praktischen Philosophie. Seine China-Begeisterung gipfelt 1696 in der Forderung, »daß man Missionare der Chinesen zu uns schickt, die uns Anwendung und Praxis einer natürlichen Theologie lehren könnten«.[17]

Wie war es zu dieser ausgeprägten China-Begeisterung gekommen? Die ersten Kontakte zwischen China und dem Abendland hatte die von Matteo Ricci (1552–1610) begründete Jesuitenmission herbeigeführt. Nach einem Studium zahlreicher Geistes- und Naturwissenschaften in Rom, wie Jura, Theologie, alte Sprachen, Philosophie und Mathematik, später auch Geometrie und Astronomie, wurde ihm 1576 die Provinz Indien als Tätigkeitsbereich zugesprochen. Als er 1582 mit gut 30 Jahren erstmals in Macao chinesischen Boden betrat, gab es noch keine Christen unter den 150 Millionen Chinesen. Ricci brach mit dem Grundsatz, dass es in der Mission auf eine möglichst hohe Anzahl von Bekehrungen und Taufen ankomme. Vielmehr legte er Wert darauf, dass sich jeder Missionar zunächst eine feste und angesehene Stellung in der chinesischen Gesellschaft verschaffte. Vorbedingung dafür war ein eingehendes Studium chinesischer Sprache, Sitte und Kultur. Da es für diese Ausbildung keinerlei Lehrbücher gab, war man ausschließlich auf einheimische Informanten angewiesen. Ricci schlüpfte in die Kleidung der buddhistischen Priester, studierte mit Fleiß die konfuzianische Lehre und diskutierte mit den hoch gebildeten Gelehrten-Beamten. So erwarb er sich bald die Achtung geistig führender Kreise. Die Strategie der Jesuiten wird »Akkomodation« (von lat. accomodare = anpassen, anlegen) genannt. Sie stellte seit dem »Apostel des Orients«, Franz Xaver (1506–1552), dem Pionier kultureller Anpassung in Indien und Japan, einen strategischen Richtungswechsel dar. Denn dieser Ansatz brach mit der Tradition, Konversionen mit dem Druckmittel militärischer Oberherrschaft herbeizuführen. 1622 wurde die Trennung von Mission und Kolonialpolitik unter Papst Gregor XV. sogar offizielle Doktrin der Kirche. Vor diesem Hintergrund wird folgende Äußerung Riccis verständlich. Er schrieb 1585, mit kahl rasiertem Kopf, an einen Freund: »Du müsstest mich sehen, wie ich jetzt aussehe: Ich bin ein Chinese geworden. In unserer Kleidung, in unserem Aussehen, in unseren Lebensgewohnheiten und in allem Äußeren sind wir zu Chinesen geworden.«[18] Typisch für ihn ist die scherzhafte Äußerung, er bedaure, dass er mit dem Anlegen chinesischer Tracht nicht auch den Schnitt seiner Augen und die Größe seiner Nase habe ändern können.

Obwohl den Jesuiten von anderen Orden stets vorgeworfen wurde, das eigentlich missionarische Ziel aus den Augen zu verlieren, blieb die Akkomodation immer Mittel zum Zweck. Sie war Teil einer vielfältigen Strategie, die das Ziel verfolgte, das Christentum in China Wurzeln schlagen zu lassen und die chinesische Kultur wie Sauerteig von innen her allmählich mit dem Evangelium zu durchdringen. Ricci wurde sogar zur Audienz beim Kaiser gerufen, der an überbrachten Geschenken – insbesondere Prismen, Uhren mit Schlagwerk und Madonnenbildern – großes Interesse fand. Ricci betonte stets, dass er in erster Linie nach China gekommen sei, um die Lehren der chinesischen Weisen zu studieren und der Segnungen der chinesischen Kultur teilhaftig zu werden. Er wollte die christliche Lehre nicht als etwas Neues, Fremdes in China verbreiten, sondern als eine Botschaft, die mit den Grundlagen der konfuzianischen Lehre durchaus vereinbar ist. Die Bedeutung Riccis liegt aber nicht nur darin, dass er abendländisches Gedankengut nach China brachte. Er war auch der eigentliche Entdecker der chinesischen Geisteswelt für Europa. Symbolisch für diese Horizont-Erweiterung steht eine von ihm geschaffene große Weltkarte in sphärischer Projektion mit China im Mittelpunkt und unter Einschluss von Amerika, das dem damaligen China noch ganz unbekannt war. Die Karte stammt aus dem Jahre 1602. Sie befindet sich heute in der Österreichischen Nationalbibliothek in Wien. Mehr als eine Generation von Missionaren später gelang es dem Jesuiten Adam Schall 1645, die Leitung des Astronomischen Amtes in China zu übernehmen und als staatlicher Beamter und Mitglied der herrschenden bürokratischen Schicht eine direkte Verbindung zu dem noch jungen Kaiser aufzunehmen. In der K'anghsi-Periode bis 1722 konnten schon mehr als hundert fremde Missionare in allen Provinzen Chinas wirken. Zu dieser Zeit gab es in China über 200 000 Christen. Dies entsprach allerdings nur 0,16 % der damaligen Gesamtbevölkerung des Landes.

Auf dieses Netzwerk an gebildeten Missionaren geht die Vielzahl an Nachrichten zurück, die im frühen 18. Jahrhundert Europa erreichten – und manchem wie eine Offenbarung erschienen. So sah Voltaire in China die Theorie von der universalen Vernunftreligion verwirklicht. Wenig später elektrisierten diese Impulse, wie wir gesehen haben, den barocken Universalgelehrten Leibniz. Bei der Orientierung am kulturellen Vorbild Chinas spielten dann Frühaufklärer wie der Philosoph Christian Wolff an der Universität Halle eine große Rolle. In einer Universitätsrede von 1721 mit dem Titel »Rede über die praktische Philosophie der Chinesen« pries Wolff die Moral des Konfuzius und stellte sie mit der christlichen auf eine Stufe.[19] Er erhob China zum Symbol eines neuen Menschen- und Staatsbildes. Nach Ansicht des Sinologen Henrik Jäger fand Wolff »bei konfuzianischen Denkern die Bestätigung dafür, dass die Menschen unabhängig von Gott und Kirche, allein auf ihre Vernunft gestützt, ihr ethisches Potential entfalten können«.[20] Dieses Bekenntnis erschütterte die theologischen Fakultäten in ganz Europa, provozierte 130 Streitschriften und führte zunächst zu Wolffs Verbannung aus Preußen.[21] Wolffs Wirkung tat das keinen Abbruch. Herrscher wie Friedrich II. von Preußen verehrten ihn als geistigen Lehrer einer aufgeklärten Monarchie. Er war es auch, der Wolff 1740 nach Preußen zurückholte. Preußen hatte schon 1693 als erster europäischer Staat die schriftlichen Beamtenprüfungen aus China übernommen. Dieser Schritt war maßgeblich vorangetrieben worden durch Samuel Freiherr von Pufendorf, der sich am Hof des Kurfürsten von Brandenburg mit konfuzianischen Ideen beschäftigte. Nahezu hundert Jahre später, 1791, installierte der Nachbar Frankreich ebenfalls die Beamten-Prüfung nach chinesischem Vorbild. Der zentralisierende Prüfungsimpuls erreichte in dieser Zeit auch die Schulen, und zwar in Form des preußischen Abiturreglements von 1788. Der preußische Kultusminister Karl Abraham von Zedlitz setzte es gegen kirchlichen Widerstand durch. 1834 erhielt dieses Reglement zusätzliches Gewicht, indem es im gesamten Gebiet des damaligen Deutschen Bundes als Zugangsberechtigung für die Hochschule anerkannt wurde. Seit dieser Zeit prägt das Prüfungswesen in neuer Art die Entwicklung der Schulpädagogik. Seither scheint es wichtiger, dass Examina einen Heranwachsenden zu etwas *berechtigen*, als ihn zu *befähigen*.[22] Bevor unser Augenmerk weiter den schulischen Abschlussprüfungen gilt, möchte ich noch einmal auf die Eigenart der Beamtenprüfungen in China zurückkommen.

18 Zitiert nach Sarah Stöcklin: Geschichte und Strategie der Jesuitenmission in China Ende sechzehntes bis Mitte siebzehntes Jahrhundert. Seminararbeit 2006, S. 5.

19 Wolfgang Franke: China und das Abendland. 1962, S. 54.

20 Henrik Jäger: Das Geheimnis des Porzellans. In: Neue Zürcher Zeitung vom 30. 07. 2010.

21 Henrik Jäger: Konfuzius als Katalysator der Aufklärung. In: Frankfurter Allgemeine Zeitung vom 11. 08. 2012.

22 Dazu Friederun Christa Karsch: Darf die Schule berechtigen oder soll sie befähigen? Gedanken zu 85 Jahren Waldorfschule. In: EK 09/2004.

Abb. 3

Prüfung als Nadelöhr

Die Anforderungen an die Gedächtniskräfte waren bei der chinesischen Beamtenprüfung enorm. Im Mittelpunkt der Examina stand das Werk des größten chinesischen Philosophen Konfuzius mit 431 000 Zeichen. Das Ideal dieser Weltanschauung war der »gute« bzw. »edle« Mensch, der an seiner Selbstvervollkommnung arbeitete, indem er dem »Weg des Himmels« folgte.[23] Aus dessen Schriften stammten auch die Themen, über die der Prüfling seit 1487 einen sog. achtgliedrigen Aufsatz zu verfassen hatte – die antithetische Bearbeitung eines Themas in acht Kapiteln zu 700 Zeichen. Alle Schriftzeichen sollten im »Quadratstil« geschrieben werden, bei denen die Striche ein gedachtes Viereck ausfüllen mussten. Sie mussten wie gedruckt aussehen! Korrekturen und Flecken waren nicht erlaubt. Ein festgelegter Kanon anerkannten Wissens musste komplett und detailgetreu wiedergegeben werden oder war für Erörterungen parat zu halten. So musste 1738 folgende Aussage des Konfuzius aus dem klassischen Buch Lunyu erörtert werden: »Sei gewissenhaft in deinem Verhalten und nur im Umgang mit dem Volk nachsichtig.«

Insgesamt kann gesagt werden, dass der Erfolg in den kaiserlichen Examina auf reinen Gedächtnisleistungen beruhte. Ob der Gegenstand intellektuell durchdrungen war, ob der Kandidat in der Lage war, eigene Lösungen oder Konzepte zu entwickeln oder ob er gar kreative Kompetenzen hatte, fiel demgegenüber kaum ins Gewicht. Nach Ansicht des China-Experten Wolfgang Franke konnte es nicht ausbleiben, dass eine literarische und derart formalistische Ausbildung die geistige Beweglichkeit der Kandidaten sehr einschränkte. Dementsprechend gab es schon früh Kritik an den chinesischen Beamtenexamina. So legte der Song-Gelehrte und Politiker Wang Anshi 1058 ein »Memorandum der Zehntausend Worte« vor. Darin beklagte er, es würden einseitig detaillierte Kenntnisse der Klassiker sowie stilistische Fertigkeiten abgeprüft. Dagegen kämen die tatsächlichen Anforderungen des Beamtendienstes, die eigentlichen Aufgaben der Staatsverwaltung, wie Finanzen, Landwirtschaft oder Wegebau, gar nicht vor.

Obwohl die Erfolgsquote schon auf unterer Ebene meist unter 10 % lag, bewarben sich etwa im 11. Jahrhundert jährlich 34 000 Kandidaten für frei werdende Stellen unter den damals 80 000 Beamten der Monarchie. Von denen, die am Ende des dreijährigen Prüfungsmarathons in Kaifeng zur Endprüfung antraten, bestanden jährlich kaum 230 – die eigentliche Bildungselite, die »Helden der Nation«.[24] So waren die Examina das Nadelöhr zum sozialen Aufstieg. Das Bestehen dieser Wettbewerbe bildete für die Angehörigen der gebildeten Stände ein zentrales Lebensziel. Während in den ersten Jahrhunderten, besonders in der Tang-Dynastie von 618 bis 906 n. Chr., traditionell aristokratische Elemente besonders ausgeprägt waren, also Eigenschaften wie Auftreten, Erscheinungsbild und Redeweise abgeprüft wurden, so schaffte man in der Song-Dynastie den Einstellungstest ab und ersetzte ihn durch das wissenszentrierte Palastexamen. So konnte seit dem 11. Jahrhundert über das Examenssystem theoretisch jeder Bauer zum höchsten Minister des Reichs aufsteigen – ein gewissermaßen demokratischer Grundzug. Er stand in einem scharfen Gegensatz zu Traditionen in Europa, die bis ins 19. Jahrhundert ständisch geprägt waren. Alle Talente im Reich auszuschöpfen, unabhängig von Herkunft oder Besitz, das war Ziel der umständlichen wie sorgfältigen Prozedur. Oftmals legte der ganze Familienclan seine Ressourcen zusammen, um wenigstens einem Familienmitglied den Aufstieg in den begehrten Staatsdienst zu ermöglichen. Es gibt auch Geschichten von einzelnen Kandidaten, die zu Schmugglern und Banditen wurden, um an Geld für das Studium zu kommen. Da jedes Examen beliebig oft wiederholt werden konnte, gab es zahlreiche ältere Kandidaten. So wird von Zhan Qian aus der Provinz Jiangsu berichtet, dass er 1894 das Palastexamen erst bestand, nachdem er 35 Jahre mit Examensvorbereitungen verbracht hatte und dabei 160 Tage in den Prüfungshallen schwitzte. Wahrlich: die Ausdauer eines Kamels! Allerdings gab es selbst unter den Song-Kaisern die Möglichkeit, jenseits der Prüfungspfade an Beamtenstellen zu kommen. Denn dank kaiserlicher Gnade konnten hohe Beamte einen grundsätzlichen Anspruch auf einen Beamtenposten vererben! Dennoch erscheint es erstaunlich, dass sich in jeder Generation hunderttausende von Männern auf den mühsamen Bildungsweg begaben, obwohl sie wussten, dass weit über 90 % scheitern würden. Die Lehren des Konfuzius, so vermutet die Journalistin Barbara Beuys, waren offenbar »Motivation und Befriedigung genug, um sich auf den Weg zu machen«.[25] Sie teilten mit Konfuzius die Überzeugung, dass der Mensch im Prozess des Lernens zu seinem innersten Kern, der Menschlichkeit, findet. Mit dem Siegeszug dieses Bildungsideals ging eine früh ausgefeilte technische Entwicklung einher. Schon

23 Claudia von Collani: Von Jesuiten, Kaisern und Kanonen. Europa und China – eine wechselvolle Geschichte. Darmstadt 2012, S. 133.

24 Barbara Beuys: Der Preis der Leidenschaft. Frankfurt a. Main und Leipzig 2009, S. 104.

25 Ebenda, S. 107.

zu Beginn des zweiten Jahrhunderts n. Chr. wurde dem chinesischen Kaiser ein Material vorgestellt, das Handwerker aus Seidenfetzen, Stroh und Rinde vom Maulbeerbaum in einem bislang unbekannten Verfahren hergestellt hatten: das erste Papier. Und schon für das achte Jahrhundert ist das erste Druckverfahren nachweisbar, im zehnten Jahrhundert konnte man Bücher mittels des Holzblock-Verfahrens bereits in tausendfacher Auflage herstellen und im ganzen Reich verbreiten.

Auf den ersten Blick sind die Beamtenprüfungen ein Ausdruck von Modernität. Denn während in Europa Staatsämter noch lange aufgrund von Verwandtschaft mit dem Adel und der Nähe zur Kirche vergeben wurden, zählte in China Leistung statt Herkunft. In Deutschland trat das Abitur bald einen erstaunlichen Siegeszug an. Dabei war die Lebensferne der Abiturprüfung schon im frühen 19. Jahrhundert mit Händen greifbar.

Chamäleon Abitur – Nimbus und Lebensferne

Kann die Regierungszeit des Kaisers Augustus mit Recht zu den glücklicheren Epochen des Römischen Reiches gezählt werden? Der Siebzehnjährige, der im Spätsommer 1835 am Gymnasium zu Trier vor diesem Aufsatzthema sitzt, muss hohe Anforderungen erfüllen. Um die Reifeprüfung zu erlangen, muss er sieben schriftliche Arbeiten in einer Woche unter Aufsicht abliefern. Die Besinnung auf das Römische Reich dauert fünf Stunden und sie muss in Latein abgefasst werden. Übersetzungen aus dem Griechischen, sowie ins Französische und ins Lateinische kommen hinzu – dazu eine mathematische Arbeit, ein deutscher Aufsatz unter dem Motto »Betrachtung eines Jünglings bei der Wahl eines Berufes« und ein Religionsaufsatz, den der Kandidat aufgrund einer Sonderregelung für die Rheinprovinz abzufassen hat. In dem Abschlusszeugnis entlässt die Prüfungskommission den Kandidaten in der Hoffnung, »dass er den günstigen Erwartungen, wozu seine Anlagen berechtigen, entsprechen werde«.[26] Ob diese Hoffnung berechtigt war? Der Prüfling war niemand anderes als Karl Marx. Er absolvierte nur fünf Jahre Gymnasium und gehörte als einer der jüngsten doch zu den zehn besten Absolventen dieses Jahrganges. Von den damals 32 ausschließlich männlichen Schülern mit einem Durchschnittsalter von 20 Jahren fielen immerhin zehn durch die Prüfung. In ganz Preußen bestanden 1834 – also ein Jahr vor Marx – nur 956 Schüler das Abitur. Für eine drastische Beschränkung der Abiturientenquote sorgte schon das hohe Schulgeld, das den Unterschichten wie der Landbevölkerung den Zugang zum Gymnasium als einer Stätte höherer Bildung fast verwehrte. So überwog damals an den Gymnasien die städtische Mittelschicht.

Die Schulform diente ganz offensichtlich dazu, eine staatstragende Elite über die Regelung des Zugangs zur Hochschule und in den höheren Staatsdienst zu rekrutieren. Schon die Verdopplung der Abiturientenquote gegen das Jahrhundertende nahm der preußische König und deutsche Kaiser Wilhelm II. bei einer 1890 abgehaltenen Konferenz zum Anlass »eine allzu starke Überproduktion der Gebildeten« zu kritisieren. Er zitierte dabei Bismarck, indem er vor einem »Abiturientenproletariat« warnte: »Die sämtlichen sog. Hungerkandidaten, namentlich die Herren Journalisten, das sind vielfach verkommene Gymnasiasten, das ist eine Gefahr für uns.«[27] Wilhelm II. empfahl übrigens damals die Erhöhung des Schulgeldes als ein Mittel, den Besuch höherer Schulen zu beschränken. Wie wirksam dieses Instrument war, zeigt ein Blick auf die Zahlen. So wurde 1892 das Schulgeld für höhere Schulen auf 120 Mark im Jahr angehoben. Zu dieser Zeit lag das Durchschnittseinkommen eines Arbeiters bei 665 Mark jährlich, während ein preußischer Regierungsrat mit Bezügen von 4200 bis 6000 Mark im Jahr rechnen konnte, den Wohngeldzuschuss nicht eingerechnet.

Die Abiturienten-Quote hat sich inzwischen gründlich geändert. Der Aufstieg des Abiturs zur »Leitwährung« in Bildungsfragen ist offensichtlich. Während im 19. Jahrhundert nur etwa 1 % eines Jahrgangs die Schule als Abiturienten verließ, wuchs diese Zahl bis 1950 auf 5 %. Mit der Bildungsoffensive nach 1968 schnellten die Zahlen dann auf über 20 % nach oben. 1990 waren es bereits 31 %, 2010 schon 49 % – Tendenz, so scheint es, weiter steigend. Die Attraktivität des Abiturs scheint ungebrochen, zumal die Berechtigung zum Hochschulzugang gekoppelt ist mit gesellschaftlichem Status und der Verheißung ökonomischen Erfolgs. Allen Einwänden gegen den »Akademisierungswahn« zum Trotz, wie sie derzeit etwa von dem Münchner Philosophen Nida-Rümelin vorgebracht werden.[28]

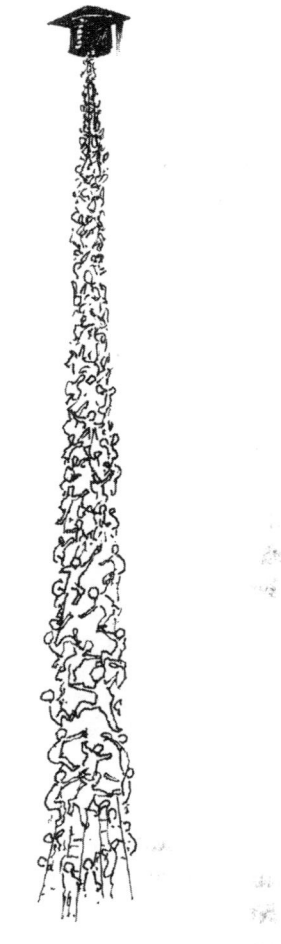

Abb. 4 *Akademisierungswahn*

Zusammenfassung und Ausblick

Nach dieser ersten Annäherung an das Prüfungswesen mithilfe der Kulturgeschichte ergibt sich folgendes Bild von unserem Gegenstand. Die Dauerhaftigkeit der chinesischen Beamtenprüfung macht den hohen politischen und gesellschaftlichen Status des Prüfungswesens in China deutlich. Sie wurde als Möglichkeit der Selbstentwicklung im

---

26 Rainer Bölling: Kleine Geschichte des Abiturs. Paderborn 2010, S. 14.

27 Ebenda, S. 17.

28 Julian Nida-Rümelin / Klaus Zierer: Auf dem Weg in die neue deutsche Bildungskatastrophe. Zwölf unangenehme Wahrheiten. Freiburg 2015.

Sinne des konfuzianischen Bildungsideals ebenso akzeptiert wie als Nadelöhr zum sozialen Aufstieg und, aus Sicht des Staates, als Selektionsinstrument. So konnte die Pekinger Zentralgewalt durch Festlegung von Quoten schon auf der Provinzebene (nur ca. 1 % der angetretenen Kandidaten war erfolgreich) den Einfluss des selbstbewussten Adels am unteren Yangzi begrenzen. Durch die Einführung des Palastexamens in der Song-Dynastie wurde die Stellung des Kaisers im Reich maßgeblich gefestigt. Denn der »Himmelssohn« leitete das Verfahren persönlich im Kaiserpalast zu Peking und er allein hatte das letzte Wort bei der Bewertung. Darüber hinaus wurden durch die inhaltliche Ausrichtung der Prüfungen auf Konfuzius und durch die starke Gewichtung formaler Aspekte bestimmte Werte und Traditionen verstärkt, die als staatstragend galten. Die chinesische Monarchie übte mit diesen Mitteln, denen sich durch die Jahrhunderte viele Millionen Menschen unterwerfen mussten, in hohem Maße soziale Kontrolle aus. Zugleich installierte der Staat nach außen das Bild eines modernen Verwaltungsapparates, in dem Leistung statt Herkunft über den sozialen Rang des Einzelnen entschied. Es liegt auf der Hand, dass erst die Zeit der Frühaufklärung in Europa reif dafür war, diese Modernität zu erkennen und wertzuschätzen. Der Einrichtung des Abiturs in unserer heutigen Form zwischen 1788 und 1834 ging also eine kulturelle Übernahme voraus.

Blickt man auf die reinen Zahlen, so hat die gesellschaftliche und individuelle Akzeptanz dieser Prüfung in den letzten 180 Jahren in Deutschland eher zu- als abgenommen. Strebte 1950 nur jeder zwanzigste Schulabgänger die »Hochschulreife« an, so ist es heute jeder zweite. Angesichts dieser Zahlen ist der Wert des Abiturs ein ständiges Thema in den Feuilletons der großen Zeitungen. Trotz aller Bemühungen der Kultusministerkonferenz um eine Vergleichbarkeit der Abiturprüfungen in den 16 Bundesländern[29] wirft der deutsche Bildungspluralismus die Frage auf, ob sich die eklatante Ungleichbehandlung der Abiturienten, die seit vielen Jahren kritisiert wird, gebessert hat. Andere Stimmen beklagen die mangelnde Ausbildungsreife und Studierfähigkeit der Schulabgänger oder auch die Absenkung des Niveaus, um die »Abiturquote« anzuheben. Denn im internationalen Vergleich lag Deutschland lange Zeit hinter anderen westlichen Industriestaaten, wie Frankreich oder den USA, zurück.

Die vorliegende Publikation möchte das Prüfungswesen viel grundsätzlicher befragen. Sie wehrt sich gegen eine Verengung des Blicks auf politische und juristische Fragen ebenso wie dagegen, ökonomische Erwartungen zum Ausgangspunkt von Bildungsfragen zu machen. Vielmehr soll zunächst die Frage aufgeworfen werden: Welche Geste steht hinter dem Ziel, einen jungen Menschen zu prüfen? Welche pädagogische Bedeutung hat dieses Verfahren? Welche Energien innerhalb des Schulorganismus, aber auch im Kontext der menschlichen Bildungsbiografie setzt das Prüfungswesen in seiner modernen, zentralisierten Gestalt frei? Welche Aufgaben stellen sich dabei besonders für die Waldorfschulen?

Während Lehrer ihre Schüler prüfen, nimmt der Jugendliche den Erwachsenen unter die Lupe mit der Frage, wie dieser mit dem Bewertungsritual umgeht.

Prüfen – Wortbedeutung und Phänomenologie

Das deutsche Wort »prüfen« erweist sich als ein Lehnwort aus dem Lateinischen. Das lateinische »probare« bedeutet *prüfen, untersuchen, für geeignet erachten.* Das Adjektiv »probus« bedeutet *gut, tüchtig.* Eine leichte Akzentverschiebung ergibt sich dann in der Wortgeschichte. Das mittelhochdeutsche Verb *prueven* bedeutet *wahrnehmen, erwägen,* aber auch *beweisen, berechnen* und *bewirken.* In einer Prüfung werden Situationen arrangiert, die dem Prüfling bestimmte Leistungen, d. h. Kenntnisse oder Fähigkeiten, abverlangen. Prüfungen durchziehen das ganze Leben eines Menschen, z. B. als bewusste Eignungs-, Zugangs- oder Abschlussprüfung, wie sie etwa mit einer handwerklichen Lehre verbunden ist. So bildet die Gesellenprüfung die Grenze bzw. Schwelle zwischen einem Handwerkslehrling und einem ausgebildeten Handwerker, der noch nicht Meister ist. Aber auch der Ritterschlag ist eine Prüfung für den Knappen, der in den Stand der adeligen Kämpfer aufgenommen werden will. Der Prüfling muss sich also beweisen. Er ist sich bewusst, dass seine Leistung in irgendeiner Form gemessen oder berechnet wird. Da die Messung oder Bewertung möglichst objektiv sein soll, denn mit dem Bestehen einer Prüfung ist oft die Vergabe einer Berechtigung verbunden, steht das ganze Prüfverfahren unter scharfer Beobachtung. Nicht nur durch die Betroffenen, sondern auch durch die aufsichtführenden Prüfer und durch Juristen, die sich im modernen Verwaltungsstaat bei Verfahrensfehlern einschalten können. Denn es gibt ein großes gesellschaftliches Interesse daran, dass Prüfungsergebnisse belastbar sind. Während der Begriff »Abitur«, abgeleitet von lat. *abire,* den Aspekt des Weggehens betont und damit den Akzent auf den Abschied von der Schule legt, berührt der Begriff der *Matura* (nach lat. *maturitas* = die Reife) mehr den inneren Zustand. So wird die Reifeprüfung in Österreich und der Schweiz bis heute Matura genannt.

Will man den Reichtum an Phänomenen erschließen, der kulturgeschichtlich mit Prüfungen verbunden ist, so bietet sich das weite Feld der Literatur und der Rituale an. Wir beginnen unseren Streifzug im 20. Jahrhundert.

---

29 Etwa durch die Einführung von Bildungsstandards und einen Aufgabenpool. Näheres dazu in dem Artikel von Heike Schmoll: Abitur ohne Wert. Frankfurter Allgemeine Zeitung, 11. Oktober 2016.

Abb. 5
Einsen gibt es nur für den lieben Gott!

Als Hildegard Palm Ende der 1960er Jahre ihre Reifeprüfung ablegt im kleinen Festsaal des Ambach-Gymnasiums im nördlichen Rheinland, da schwitzt sie nicht nur vor Mathelehrer Meyer, sondern auch vor dem Oberschulrat Dr. Arwed Hohenlocher, einem ältlichen und hageren Mann, von dem eine »machtvolle, unbestechliche Gerechtigkeit« ausgeht, »die nicht nur meine Hände feucht werden ließ, sondern offenbar auch das Lehrerkollegium in den Stand von Prüflingen versetzte«[30], wie Ulla Hahn in ihrem autobiografischen Roman »Aufbruch« schreibt. Das Gefühl der Ich-Erzählerin, nicht nur dem »kühlen blaugoldenen Blick« des Brillenträgers, sondern vor allem »seinem Urteil ausgeliefert« zu sein, durchzieht die ganze situationskomische Szene. Zu den besonderen Umständen an jenem Montag im April gehört es, dass die Kandidatin per Schreiben angewiesen wird, einen Rock zu tragen. Dass nicht nur das gesamte Kollegium anwesend ist, sondern auch gelangweilte Oberprimaner in Anzug und Krawatte. Eine die Schülerin beängstigende Formel steht an der Tafel. Obwohl sie die Formel in ihrem »Kopfregal« unter der Aufschrift »Integral« parat hat, scheint sie zur Bewegungslosigkeit und Erstarrung verdammt – zumal sie unter dem Eindruck des »allerfeinsten Hochdeutsch«[31] des Prüfungsvorsitzenden steht. Trotz dessen Distanziertheit glaubt sie, »seine laue Hand im Nacken zu fühlen«. Zur Prüfung gehört traditionell das Gefühl der eigenen Ohnmacht. Die Kreidehand, die gegen die Schiefertafel zittert und die versuchte Flucht »in meinen Speicher [...], zum Vorrat meiner Formeln, Regeln und Gesetze«.[32] Aus kleinsten Details baut sich die geängstigte Seele die Requisiten der inneren Folterkammer: »›Ts, ts, ts‹, hörte ich die Zunge des Oberschulrats in meinem Rücken, ts, ts, ts, als hätte er kleine Peitschen unter der Zunge.« Und aus der fast erwachsenen jungen Frau wird »Hilla

Selberschuld« – ein Mensch, der das Zeugnis der Reife nicht wegen seiner Stärken bekommt, sondern trotz seiner Schwächen.

Prüfungen sind in der Einzelbiografie Bewährungssituationen höherer Ordnung, für die Seele Anlass für tiefsitzende Ängste, aber auch eine Bühne für Selbstbewusstsein, Triumphgefühle oder Empfindungen der Scham. Bestehen und Versagen liegen eng beieinander. So gibt es eine Vielzahl von Berufsgruppen, die das Drama der Prüfungen zu regeln haben oder die Nebenwirkungen zu mindern versuchen: Pädagogen, Professoren, Juristen, Psychologen, Ärzte und Therapeuten. In unzähligen Schulsatiren wird das Beschämungs-Potential, das von großen und kleinen Prüfungen ausgeht, ironisiert. So heißt es in Wolfgang Herrndorfs Roman »Tschick« über Mathelehrer Strahl bei der Rückgabe einer Klausur: »Strahl malte immer erst mal den Klassenspiegel an die Tafel, um einem Angst zu machen. Diesmal war eine Eins dabei, das war ungewöhnlich. Strahls Lieblingssatz lautete: Einsen gibt's nur für den lieben Gott. Das Grauen. Aber Strahl war eben Mathelehrer und endgestört.«[33] Während Lehrer ihre Schüler prüfen, prüft der jugendliche Ich-Erzähler seinen Lehrer mit der Frage, wie er mit dem Bewertungsritual umgeht.

Rätsel, Wettkampf, Schwelle – Prüfungen als existentielles Drama

Zu allen Zeiten hat die Literatur dem Drama der Prüfung eine Sprache gegeben.

Im griechischen Mythos ist die Prüfung ein Rätsel, das der »Schwellfuß« Ödipus lösen muss, um Theben von der Herrschaft der Sphinx zu befreien. Er wird selber König, muss im Nachhinein aber seine schuldhafte Verstrickung in die Ermordung seines Vaters und die Blutschuld an seiner Mutter Iokaste erkennen. So führte die berühmteste Fassung des Mythos, das Drama »König Ödipus« von Sophokles (ca. 429–425 v. Chr.), den Zuschauer zu der Erkenntnis, dass sich alle Prophezeiungen bewahrheiten, dass also an den Sprüchen der Götter nicht zu rütteln ist. Die größte Prüfung für den Griechen bestand darin, das Schicksal selbst annehmen zu müssen.

Im Nibelungenlied um 1200 n. Chr., dessen Handlung in der germanischen Frühzeit der Völkerwanderung spielt, ist es König Gunther aus Worms, der drei Wettkämpfe bestehen muss, um Brünhild, die Königin von Island und Walküre mit übermenschlichen Kräften, zur Frau zu erhalten. Dass er diese Prüfung nur mit unerlaubten Hilfsmitteln besteht, denn Siegfried sorgt unter der Tarnkappe dafür, dass Gunther schneller läuft, weiter springt und die Steine weiter wirft als die Amazone aus Island, wird ihm später zum Verhängnis. Auch in der zweiten Hochzeitsnacht nutzt Siegfried den Schleier der Tarnkappe, um Gunther dabei zu helfen, seine Frau auch im Bett zu überwinden. Zu den

---

30   Ulla Hahn: Aufbruch. München 2009, S. 367.
31   Ebenda, S. 368.
32   Ebenda, S. 369.
33   Wolfgang Herrndorf: Tschick. Hamburg 2012, S. 50.

Spätfolgen des zwielichtigen Wettkampfes gehört die Ermordung Siegfrieds durch Hagen, da sich Brünhild durch dessen Verhalten in ihrer Ehre gekränkt sieht, besonders nach den zutiefst verletzenden Sticheleien ihrer Rivalin Kriemhild.

In Kafkas Parabel »Vor dem Gesetz« aus dem Jahr 1919 steht schließlich ein »Mann vom Lande« in einer absurden Prüfungssituation. Jahrelang kommt er nicht an einem Türhüter mit Pelzmantel und tatarischem Bart vorbei, um in das Gesetz einzutreten. Auch er wendet unerlaubte Hilfsmittel an, wenn er versucht, den Türhüter zu bestechen. Warum er die Prüfung nicht besteht, obwohl der Eingang »nur für dich bestimmt«[34] ist, wie er kurz vor seinem Tod vom strengen Hüter der Schwelle erfährt, bleibt für den Leser ebenso rätselhaft wie der Raum hinter dem Tor, in dessen zunehmender Dunkelheit der Wartende einen »Glanz« zu erkennen meint. Prüfung kann im modernen Machtgefüge, das Kafka als Angestellter einer Prager Versicherungsanstalt nach der Jahrhundertwende intim kannte, Teil einer undurchschaubaren Inszenierung sein, deren Gesetzmäßigkeit dem Einzelnen verborgen bleibt.

In allen genannten Prüfungssituationen liegen Glück und Tragik, Triumph und Scheitern, die Erfahrungen von Macht und Ohnmacht eng beieinander. Die Herausforderung liegt als Rätsel, als Wettkampf oder als Schwelle vor dem Kandidaten und fordert ihm besondere Kompetenzen ab. Die Folgen der Prüfungen erscheinen in der archetypischen Bilderwelt der Literatur als schicksalshaft. Sie betreffen nicht nur den Bildungsgang des Helden, sondern sein ganzes Sein und zugleich den Wertekosmos der Zeit, aus der sie stammen.

Prüfungen als Übergangsriten

Je weiter wir in der Kulturgeschichte zurückgehen, desto stärker haben Prüfungen den Charakter einer Initiation (lat. für »Einweihung«). Dieser sozialwissenschaftliche Begriff bezeichnet die Einführung eines Außenstehenden in eine Gemeinschaft oder seinen Aufstieg in einen anderen Seinszustand – beispielsweise vom Kind zum Erwachsenen, von der Novizin zur Nonne oder vom Laien zum Schamanen. Es sind Übergangsriten. Die Initiation folgt einem traditionellen Ritus. In den Mysterienkulten der Antike, die auf eine ursprünglich weltweit verbreitete Pubertäts- und Stammesinitiation zurückgehen, macht der Novize eine sogenannte Wiedergeburt durch. Er stirbt symbolisch, indem er von einem Ungeheuer verschlungen wird, und taucht neugeboren wieder auf. So erscheint in Papua-Neuguinea die Initiationshütte, in der die Beschneidung des Knaben stattfindet, in der Gestalt des Meerungeheuers Barlun. Von ihm glaubt man, es verschlucke Novizen. Im antiken Rom wurde der Tag, an dem die Knaben im 16. Lebensjahr die Toga des Erwachsenen anlegten, als Tag des Mysteriengottes Liber oder Dionysos bzw. Bacchus gefeiert. Selbst im Märchen vom »Rotkäppchen«, das vom bösen Wolf gefressen wird, um später aus seinem Leib wieder zu erstehen, verbirgt sich eine Stammesinitiation. Hinter solchen Imaginationen verbergen sich mystische Erfahrungen des Novizen.[35] Noch die mittelalterliche Gesellschaft ist durchzogen von Initiationsprüfungen. Durch die »swertleite«, den Ritterschlag, wurde der Knappe zum Ritter, nachdem er sich jahrelang in der Aufsicht über die Rüstkammer und die Ställe, im Dienst für die Gäste am Hof und beim Anlegen einer Rüstung bewährt hatte. Ein Teil der Prüfung bestand darin, dass der künftige Ritter beim Schlag auf Gesicht oder Hals Selbstbeherrschung zu zeigen hatte – eine zentrale Tugend der höfischen Gesellschaft. Durch einen Schwur musste er vorher seine Bereitschaft bekunden, die Ritterregeln treu zu erfüllen. Er wurde auf Werte wie *triuwe, maze, guete* oder *zuht* eingeschworen. Auch die Aufnahme eines Lehrlings in die Zunft unter städtischen Handwerkern entspricht dem Muster einer Initiationsprüfung. Selbst die Prüfungszeit der Wanderjahre, in denen der Geselle etwas Neues lernen sollte und sich dem Bannkreis um seine Heimatstadt nicht nähern durfte, war durch eine Fülle von Vorschriften geregelt. Zu diesen gehört eine bestimmte Kleiderordnung, die richtige Grußformel, die Dauer des Aufenthaltes oder die zu meidenden Häuser. Die »Muthzeit« konnte bis zu sechs Jahre dauern. Bis heute sind die traditionellen Wanderjahre von einem bestimmten Ehrbegriff geprägt.

Ein Nachklang der alten Initiationsprüfung hat sich in Kreisen, die sich dem Wissen der Schamanen verbunden fühlen, als Visionssuche oder VisionQuest[36] erhalten. Dieses Übergangsritual wird Jugendlichen an der Schwelle zum Erwachsensein angeboten, als Zäsur zwischen verschiedenen Lebensphasen. Während einer intensiven Vorbereitungszeit erstellen die Teilnehmer zunächst eine Art Bestandsaufnahme ihres Lebens. Außerdem werden sie auf die Gefahren der Natur und die Herausforderungen des Alleinseins vorbereitet. Sicherheitsvorkehrungen wie ein Basislager als Anker und Fluchtpunkt werden abgeklärt. Anschließend brechen sie für drei bis vier Tage in die Wildnis auf, um zu fasten, völlig zurückgezogen vom Getümmel der menschlichen Gemeinschaft und »ohne den Komfort einer festen Behausung – etwa eines Zeltes«.[37] Der Vorgang eines »symbolischen Sterbens« wird rituell inszeniert. Er gilt als »essentielle Notwendigkeit im Tanz des Lebens« – und als Voraussetzung dafür, dass der Prüfling die Neugeburt erleben kann. Diese besteht darin, Einblick in das Wesen der eigenen Existenz zu erhalten und eine neue innere Reife zu erlangen. Die Sinnsuche der VisionQuest endet damit, dass der Jugendliche in die Gemeinschaft zurückkehrt. Dort werden seine Erfahrungen in einem mehrtägigen Ritual aufbereitet, gewürdigt und im Kreis der Gruppe integriert. Psychologinnen wie Sabine Pankhofer[38] betonen, dass der junge Mensch an der Schwelle zum Erwachsenwerden »die wohl dramatischste Zeit, die das menschliche Leben für uns

---

34 Franz Kafka: Sämtliche Erzählungen. Frankfurt a. Main 1993, S. 132.
35 Hinweise dazu bei Leo Frobenius: Das Zeitalter des Sonnengottes. Berlin 1904 und Carl Gustav Jung: Symbole der Wandlung. Gesammelte Werke, Band 5. Freiburg 1973. Der Tiefenpsychologe Jung hatte ein lebhaftes Interesse für die Mythen und Riten der Pubertäts- und Stammesinitiation. Er veröffentlichte viele bildliche Darstellungen der kinderverschlingenden »furchtbaren Mutter« aus allen Teilen der Welt.
36 Shanti Eberhard Petschel: Reifeprüfung Wildnis. Uhlstädt-Kirchhasel 2004.
37 Ebenda, S. 40.
38 Sie ist Professorin für Psychologie und soziale Arbeit an der Katholischen Stiftungsfachhochschule für Sozialwesen in München.

bereithält, durchläuft«.[39] Werden keine Modelle gelungenen Wandels angeboten, dann treten »selbstgemachte Initiationsrituale«[40] an ihre Stelle, die häufig mit Exzess und Ekstase einhergehen, wie sie heute in vielen Jugendmilieus auftreten: »Jugend weltweit sendet SOS.«[41] Das moderne Denken, vor allem wenn es in den blutleeren Kategorien von Kultusbürokratie und Prüfungswesen gefangen ist, täuscht sich, wenn es meint, man könne die menschliche Biografie ohne die gliedernde Kraft von Zeremonien und Ritualen denken. Viele Jugendliche finden schon heute die wirklichen Herausforderungen nur außerhalb der Schulmauern. Gewiss müssen Schulen in Zukunft wieder Impulse der Lebensschule und Lebensprüfung aufnehmen, wenn man Jugendliche aus Krise und Verweigerung zurückführen möchte in die Gemeinschaft, aus der sie sich bisweilen dauerhaft verabschiedet haben. Wer Reifeprüfung in diesem umfassenden Sinne versteht, wird es als notwendig empfinden, dass die »initiatorische Arbeit«, wie Natur- und Übertrittsrituale, wieder zum festen Bestandteil der Jugendpädagogik wird oder auch ins Bewusstsein von Vätern und Müttern zurückkehrt.

Prüfung und Berechtigungswesen – die Auswirkungen staatlicher Regelungswut

In allen alten Kulturen sind Lebensprüfungen selbstverständlich. Die Prüfungen verlangten es, traditionelle Umgangsformen zu beherrschen und sich dadurch in eine Gesellschaft zu integrieren. Die jungen Menschen wurden durch das Bestehen der Prüfung in Lebensformen eingebunden, die sich gar nicht oder nur sehr langsam änderten – etwa in die Formen ritterlichen Verhaltens um 1200, wie den Umgang mit dem Pferd, mit Waffen oder das Verhalten gegenüber einem unterlegenen Gegner. Die kulturelle Herausforderung erscheint in der Prüfung beherrschbar. In einem erweiterten Sinn ist unser ganzes Leben von Prüfungen durchzogen, sodass die Frage, ob eine Biografie gelingt, davon abhängig ist, dass wir die Lebensprüfungen bestehen. Besonders Krisenzeiten werden durch Prüfungen begleitet. So kann in der »midlife crisis« zwischen Mitte Dreißig und Mitte Fünfzig die Frage auftreten, ob man den einmal gelernten Beruf oder die Lebenspartnerschaft noch weiterführen kann. Gewohnheiten, die sich im sozialen Gefüge eines Kollegiums, einer Partnerschaft oder einer Familie ausgeprägt haben, werden plötzlich als leer, unwahrhaftig oder unlebendig wahrgenommen. Manchmal stellen sich auch schwere Krankheiten ein, die nur getragen werden können, wenn der Mensch lernt, aus anderen Kräften zu leben als den bloß physischen. Ein neuer Schritt steht an, ohne dass wir anfangs wissen, wohin er führt. Alte Sicherheiten müssen verlassen werden. Die Hierarchie bisheriger Werte kann ins Wanken geraten. Materieller Besitz wird plötzlich nicht mehr als unentbehrliche Ressource, sondern als Ballast erlebt, der sich wie ein Film über das eigene Fühlen und Wollen legt. Alles wird in Frage gestellt. Ein Neuentwurf scheint notwendig, eine Entscheidung steht an. Muss ich beharrlich sein im Tragen der bisherigen Lebensaufgaben? Oder muss ich dem Drang nachgeben, mich innerlich oder äußerlich zu verändern? Die zwei Instanzen jeder Prüfung, Prüfling und Prüfer, können plötzlich zusammen fallen. Ich bin derjenige, der hier prüft, und zwar mich selbst. Ich werde aber auch von anderen geprüft und ich habe Angst, den Schwellenübergang in einen neuen Lebensabschnitt nicht bewältigen zu können. Solche Bewährungssituationen könnte man als »menschengemäße Prüfungen« bezeichnen. Sie gehören zur individuellen Entwicklung. Hier ist mir freigestellt, in welchem Zeitfenster ich die gestellte Aufgabe löse, welche Hilfsmittel ich dabei einsetze und wie ich das neu Errungene am Schluss bewerte. Solche Prüfungen sind eingebunden in einen biografischen und sozialen Prozess. Es geht hier nicht um irgendwelche Berechtigungen, um ein Entweder-Oder, um Wettbewerb. Lernen und Geprüft-Werden gehören auf dieser Ebene noch zusammen.

Die Kopplung von schulischen Abschlussprüfungen mit dem Recht auf Besuch einer Hochschule, wie sie im Abitur zum Ausdruck kommt, verdankt ihr Entstehen einem ganz anderen Prozess und sie trägt eine ganz andere Signatur. Im Mittelalter galten Hochschulen als Lehranstalten für alle. Das Recht sich einzuschreiben war unbeschränkt. Der Zugang zu den alteuropäischen Universitäten war, so der Bildungsforscher Andrä Wolter, »formal weder an die Nationalität, noch an die soziale Herkunft, d. h. an eine bestimmte Standeszugehörigkeit, noch an eine bestimmte schulische Vorbildung gebunden«.[42]

Dennoch gab es wirksame Begrenzungen. So waren Frauen vom Studium ausgeschlossen und nur Angehörige des christlichen Glaubens wurden zugelassen. Ausgesperrt wurden außerdem uneheliche Kinder, sozial Geächtete und andere, die von den Sittlichkeitsnormen abwichen. Zu den weiteren Vorbedingungen zählten in der Praxis wohl lateinische Sprachkenntnisse. Der überwiegende Teil der mittelalterlichen Studenten waren Kleriker. Ein kleiner Teil kam auch aus dem Adel, besonders seitdem dieser im 16. Jahrhundert die Tätigkeit als Staats- und Justizbeamter entdeckte, für die eine akademische Vorbildung unerlässlich war. Kinder aus bäuerlichen Schichten waren nicht rechtlich, aber faktisch ausgeschlossen. Mit der Entfaltung des Städtewesens stieg der Anteil an Studierenden aus der städtischen Mittelschicht. Im Übrigen blieb die Freiheit des Zugangs zur Universität auf das Grundstudium (Trivium und Quadrivium) beschränkt. Vor den höheren Fakultäten wie Medizin, Rechtswissenschaft oder Theologie lag eine soziale Schranke.

Vom 16. bis ins 18. Jahrhundert setzte dann ein doppelter Prozess der Verstaatlichung und Vergesellschaftung des Bildungswesens ein. Im Laufe des 18. Jahrhunderts ist eine Tendenz, etwa in Preußen, zu beobachten, die höhere Bildung immer mehr unter staatliche Kontrolle zu bringen und in Dienst zu nehmen. So erließ der preußische König Friedrich I. 1708 ein Edikt »wider den Mißbrauch des Studirens« und versuchte damit das Studienrecht sozial zu begrenzen. 1718 wurden an preußischen Universitäten Ein-

---

39 Petschel, a. a. O., S. 112.
40 Ebenda, S. 69.
41 Ebenda, S. 101.
42 Andrä Wolter: Das Abitur. Eine bildungssoziologische Untersuchung zur Entstehung und Funktion der Reifeprüfung. Oldenburg 1987, S. 21.

gangsprüfungen installiert. Der Steuerungsanspruch der Landesherren nahm zu. In der Aufzählung verschiedener Fähigkeiten und Kenntnisse entstanden Umrisse eines Konzepts von Hochschulreife. In einer Denkschrift des Kanzlers der Universität von Halle 1787 findet sich bereits das Ziel, die Universitäten »vor dem Zudrang [...] unfähiger Studenten zu schützen«.[43] 1788 wird dann das bereits genannte preußische Abiturreglement verankert, nach dem kein Studienbewerber mehr an einer preußischen Universität immatrikuliert werden darf, ohne eine Abgangsprüfung an einer Gelehrtenschule oder eine Aufnahmeprüfung an der Universität zu absolvieren. Interessant ist, dass damals auch ein »Zeugnis der Unreife« nicht vom Besuch der Universität ausschloss, wohl aber von einem öffentlichen Stipendium. Es lag also noch ein »dynamischer Studierfähigkeitsbegriff«[44] vor. Der Nachweis der Studierfähigkeit konnte auch im Studienverlauf selbst erworben werden! Solche Gesten der Nachsicht wurden dann bis 1834 abgeschafft. Im preußischen Abiturreglement vom 4. Juni 1834 wurden alle in der Maturitätsprüfung für »untüchtig« befundenen Absolventen vom Zugang in höhere Ämter »definitiv ausgeschlossen«.[45] Im selben Jahr wurde die Kopplung von Abitur und Zugangsberechtigung für die Hochschule auf das gesamte Gebiet des Deutschen Bundes ausgedehnt. Das Abitur war aber schon damals mehr als eine bloße Berechtigung. Durch die enge Verbindung zwischen dem Hochschulreife- und dem Bildungsbegriff ist das Abitur »zum individuellen Merkmal einer gebildeten Persönlichkeit«[46] geworden. Diese Tatsache bestimmt sowohl die soziale Fremdeinschätzung einer Person wie auch ihre Selbsteinschätzung. Seither ist das Abitur mehr als ein Schulabschluss. Der Statusvorteil war allerdings davon abhängig, dass lediglich eine soziale Minderheit Zugang zu ihm fand und die Mehrheit davon ausgeschlossen blieb. Das Abitur brachte damals einen »ständischen Monopolanspruch für Studienzulassung, Berufszugang und Sozialprestige« mit sich.

Heute, etwa 180 Jahre später, haben wir uns daran gewöhnt, dass der Staat schulische Bildung bis ins Detail regelt und kontrolliert. Er finanziert das öffentliche Schulwesen. Er tritt als Arbeitgeber und Dienstherr für alle auf, die Schule in diesem Rahmen betreiben. Er schreibt die Lehrinhalte vor und er ergreift die Bevölkerung insgesamt durch die Schulpflicht. Da mit der Prüfung ein staatlich hoheitlicher Akt verbunden ist, nämlich die Erteilung oder Verweigerung einer Berechtigung, müssen die zu erfüllenden Anforderungen genau definiert sein. Dies kommt auf Abiturebene in den »Lösungshinweisen« zum Ausdruck, an denen sich der Erst-, Zweit- und Drittkorrektor (zumindest in Baden-Württemberg) zu orientieren hat. Da im Rechtsbereich der Gleichheitsgrundsatz gilt (gleiche Bedingungen für die an der Leistungserbringung Beteiligten!), muss die Regelungsenergie auch die Voraussetzungen ergreifen, unter denen die Prüfungsleistung erbracht wird. Der Zeitrahmen wird fixiert, nur genau definierte Hilfsmittel (im Deutschaufsatz etwa ein Rechtschreibduden; in Mathematik ein definierter Taschenrechner) werden zugelassen. Die Bestimmungen greifen über die Inhalte (festgelegte Aufgaben, möglichst zentral für alle) auf die Lehr- und Stoffverteilungspläne zu. Geprüft wird, was gelehrt wurde.

Aspekte der Prüfungskritik

Prüfungskritik ist so alt wie die Prüfungen selber. Wie könnte es auch anders sein! Eine besonders populäre Prüfungskritik tauchte zur Jahrtausendwende in Form einer Karikatur auf.[47] Dabei sitzt ein Beamter im Anzug vor einem kleinen Tisch mit Notizbuch und fordert eine vor ihm stehende Reihe von Tieren auf: »Zum Ziele einer gerechten Auslese lautet die Prüfungsaufgabe für Sie alle gleich: Klettern Sie auf den Baum.« Die Prüflinge, an die seine Ansprache gerichtet ist, könnten unterschiedlicher nicht sein: ein Vogel, ein Affe, ein langbeiniger Flamingo, ein Elefant, ein Fisch, ein Seehund und ein Hund. Die behauptete Gerechtigkeit, so kann man die Aussage der Karikatur lesen, steht in einem empörenden Gegensatz zur offensichtlichen Ungleichheit der Ausgangsbedingungen, wie sie hier im ganz unterschiedlichen Bewegungssystem der Tiere vorliegen. Mit welcher Leichtigkeit klettert ein Affe auf den Baum im Hintergrund! Und wie sinnlos wäre dieselbe Aufgabe für einen Seehund, der in einem ganz anderen Milieu zuhause ist. Ein normiertes Bewertungssystem, so könnte man die Kritik verallgemeinern, wird der individuellen Leistung kaum gerecht. Passen individuelles Leistungsvermögen und normierte Anforderung nicht zusammen, dann verliert die Bewertung jede Möglichkeit, als Anreiz für die Lernbemühungen eines Schülers zu dienen.[48]

Ein weiteres Problem der traditionellen Prüfung besteht darin, dass Leistung an Produkten bzw. an Ergebnissen festgemacht wird und nicht an Prozessen, in denen ja alles Lernen verläuft. Liegt einem Deutschlehrer ein Prüfungsaufsatz – etwa eine Textinterpretation – vor, so beurteilt er zunächst, ob die Aufgabenstellung in all ihren Aspekten differenziert beachtet wurde. Neben den analytischen Fähigkeiten wird er auf Reflexionskompetenz achten oder auf die methodische Fähigkeit, Behauptungen textnah abzusichern. Bezugspunkt bleibt aber immer der Aufsatz und nicht der Grad des Engagements, das der Schüler durch ein Schuljahr hindurch gezeigt hat. Oder sein Kommunikationsverhalten im Klassengespräch oder in Phasen der Gruppenarbeit. Oder seine Fähigkeit zu selbst organisiertem Lernen. Oder seine Bewertungskompetenz anderen, aber auch sich selbst gegenüber. Oder seine Bereitschaft, eigene Texte zu überarbeiten und damit Anstrengungsbereitschaft zu zeigen.

---

43 Ebenda, S. 147.

44 Ebenda, S. 170.

45 Hans-Georg Herrlitz, Wulf Hopf, Hartmut Titze, Ernst Cloer: Deutsche Schulgeschichte von 1800 bis zur Gegenwart. Eine Einführung. Weinheim und München 2005, S. 37.

46 Ebenda, S. 241.

47 Siehe Titelblatt der Zeitschrift Erziehungskunst vom März 2002 mit dem Titel »Noten, Prüfungen, Zeugnisse – ohne Alternative?«

48 Felix Winter: Leistungsbewertung. Eine neue Lernkultur braucht einen anderen Umgang mit Schülerleistungen. Baltmannsweiler 2004, S. 46 ff.

Abb. 6
Der Prüfungslehrer als Korrekturmaschine

Prüfung hat aber nicht nur eine individuelle Seite, sondern auch eine systemische. Sie prägt vom Ende her den Gang, den ein Heranwachsender durch die Bildungsstätte nimmt. Die Regelungsenergie ergreift nicht nur die Bedingungen, unter denen Leistung erbracht wird, sondern auch Inhalte und von dort aus die Lehr- und Stoffverteilungspläne sowie die Methoden. Schließlich gilt der Grundsatz: Geprüft wird, was gelehrt wurde. Und es droht eine Sogwirkung, wenn nur noch gelehrt wird, was prüfbar gemacht werden kann.

Die Liste der Abiturkritiker ist lang. So betonte der Gründer der Bielefelder Laborschule Hartmut von Hentig 1980: »Prüfungen lenken von dem ab, was richtigerweise gelernt werden soll.«[49] Von Hentig spricht in seinem umfangreichen Werk von einer dreifachen Krise, in der das 200 Jahre alte System der Hochschulzugangsberechtigung steckt: »Als Regulativ in einem Verteilungssystem wird das Abitur heute weder der pädagogischen, noch der allgemeinbildenden, noch der studienvorbereitenden Aufgabe des Gymnasiums gerecht.«[50] Mit der Gründung des Oberstufenkollegs in Bielefeld 1965 versuchte er eine Institution zwischen Schule und Hochschule zu schaffen, in der das punktuelle Abitur, das als Abschluss der Allgemeinbildung fungierte, durch einen mehrjährigen Prozess der Orientierung und Selbststeuerung abgelöst wurde.

Die Kritik am Prüfungswesen ist aber älter. So stöhnte bereits ein Schulmann der Weimarer Republik in einer Art Nachruf auf das Abitur – man arbeitete gerade an seiner Abschaffung – über das »Prüfungsverfahren mit seiner ›kulturlosen Flachheit‹, das dem Schüler zur Qual, der Kommission zur Langeweile, dem Schulrat zum Anlass hoffnungsloser Melancholie gereichte«.[51] Während die Prüfungsfixiertheit den Bildungsprozess eines Schülers zu korrumpieren droht, weil selbständige Aktivität und Engagement unter einem Mangel an Motivation leiden, wird auf Lehrerseite die vornehme Aufgabe der Leistungsbewertung durch das Korrekturritual bedroht. Mancher Prüfungslehrer degeneriert zu einer Korrekturmaschine. Die Verwandlung von Qualitäten (Lernprozesse) in Quantitäten (Noten), wie sie im Prüfungsverfahren üblich ist, mag Juristen überzeugen. Pädagogisch ist sie hochproblematisch.

Aufschlüsse statt Abschlüsse

Angesichts dieser zwiespältigen Gesamtlage muss man Dietrich Esterl, dem langjährigen Oberstufenlehrer an der Stuttgarter Uhlandshöhe und Dozenten an verschiedenen Seminaren, zustimmen, der schon vor Jahren den Waldorfkollegien zurief: »Aufschlüsse statt Abschlüsse«. Waldorfschule muss zwar auf *Ab*schlüsse vorbereiten, solange keine alternativen Leistungsnachweise als Hochschulzugang anerkannt sind. Aber der eigentliche Auftrag besteht darin, Biografien *auf*zuschließen. Wofür? Für die schöpferische Dimension der eigenen Persönlichkeit, die Kräfte des eigenen Ich.

Vor dem Hintergrund eines zeitgenössischen Begriffs von Reife, der in seiner Erscheinungsform als mittlere oder Hochschulreife nur noch ein formaljuristisches Schattendasein fristet, täten wir gut daran zu fragen: Woran erkennen wir die reife Schülerpersönlichkeit? Lässt sich unser Entwicklungsziel pädagogisch-menschenkundlich beschreiben? Dabei stehen wir vor einem Dilemma: Je mehr die Leistung aus juristischen Gründen messbar sein muss, desto mehr orientiert sich die Betrachtung am Ergebnis. Eine reife Persönlichkeit zeichnet sich aber dadurch aus, dass sie die Qualität ihrer Handlungen, also von Prozessen, im Blick hat. Leistungsbewertung muss wieder in den pädagogischen Raum zurückgeholt werden. Dazu gehört, Schüler am Bewertungsvorgang zu beteiligen statt sie nur zu Opfern von Benotung zu machen. Der bewertende Blick muss durch den wertschätzenden Blick ergänzt werden.

Schulentwickler wie Felix Winter, Rüdiger Iwan oder Frank de Vries nennen dies »Bewerten im Dialog«, wie es inzwischen in der Portfolio-Kultur als ein Abgleichen von Selbstbild und Fremdbild fest verankert ist. Welche Wohltat, wenn ein Zehntklässler bemerkt, dass er seine selbst erstellte und gestaltete Portfolio-Mappe zur Poetik auch der literarisch interessierten Großmutter in die Hand drücken kann, um eine »beauftragte Bewertung« einzuholen! In Schulen, die sich um eine andere Bewertungskultur bemühen, müsste es selbstverständlich sein, dass sich die am Bildungsvorgang Beteiligten gegenseitig Feedback geben – offen, transparent und auf der Grundlage jener Wertschätzung, die Lernvorgänge erst möglich macht. Die Lehrerinnen und Lehrer könnten damit

---

49 Hartmut von Hentig: Die Krise des Abiturs und eine Alternative. Stuttgart 1980, S. 152.
50 Ebenda, S. 55.
51 Bruno Sandkühler: Normschüler fürs Abitur oder Bildung von Persönlichkeiten? Zeitschrift »waldorf« Nr. 12, Oktober 2003.

Abb. 7 *Die Jagd nach dem Fehler*

anfangen, indem sie regelmäßig hospitieren und in geschwisterlicher Geste zurückspiegeln, was sie bei der Kollegin bzw. dem Kollegen sehen und erleben. Den Schülern könnten am Ende einer Epoche gemeinsame Rückmelderunden angeboten werden, in denen sie den Blick weg von Stoffen und Ergebnissen und hin zu Lernprozessen lenken. Was hat mich besonders angeregt und warum? Was hätte ich gerne vertieft? Und wo habe ich einen Fehler gemacht, der sich im Nachhinein als fruchtbar herausgestellt hat? Auch das ist ja ein Zeichen von Reife: dass der Fehler nicht nur vom Rotstift des Korrektors gejagt und damit diskriminiert wird.

Zur Reife gehört die Einsicht, dass Entwicklung nur stattfindet, wenn Fehler möglich sind. Auch die öffentlichen Präsentationen, die zu den guten Gewohnheiten an unseren Schulen gehören, sollten in ihrem Prüfungscharakter neu entdeckt und gewürdigt werden. Denn sie bieten ja immer auch eine Form, Rechenschaft abzulegen für das eigene Tun. Wer seine Arbeit für die Schulöffentlichkeit transparent macht, wie es im Rahmen des Waldorfabschlusses in Klasse 12 üblich ist, sei es etwa bei der Aufführung von Moritz Rinkes »Nibelungen«, bei der eurythmischen Gestaltung eines Prélude von Bach oder in der Präsentation einer Jahresarbeit über Regionalgeld, der lässt sich prüfen. Als Lehrer sollten wir auf diese Vorgänge nicht nur pragmatisch blicken, sondern mit einem Gespür für angemessene Schwellenübergänge, die es dem Heranwachsenden ermöglichen über sich hinauszuwachsen. Die Verwandlung des Prüfungswesens ist ein dringender Gestaltungsauftrag an die Waldorfschulen. Vielleicht gelingt es langfristig, mit dieser Energie im Hintergrund auch die Juristen mit ins Boot zu holen. Dann hätten wir als Reifeprüfung keine Reproduktionsrituale mehr, sondern Examina aus einem an menschlicher Innovationsfähigkeit orientierten Geist.

Teil 2
Auf der Suche nach einer Ich-Pädagogik

*Im Hintergrund von Prüfungen und dem mit ihnen verbunde-
nen Reife-Konzept spielt es eine erhebliche Rolle, wie der Mensch
gedacht wird. Als Produkt von Vererbung und Milieu? Oder
als ein Ich-Wesen, auf Autonomie angelegt, mit dem Kosmos
verbunden und begabt mit einer schöpferischen Dimension.*

Novalis als Wegbereiter einer Ich-Pädagogik

Der Münchner Philosoph Nida-Rümelin ist ein Bildungskritiker, der eine messerscharfe
Diagnose mit weiten Ausblicken zu verbinden weiß. Seine Argumente, mit denen er 50
Jahre nach Georg Picht[52] vor einer »neuen deutschen Bildungskatastrophe« warnt, gliedert er unter die pointierten Schlagzeilen einer »verstaatlichten Bildung«, »vermessenen
Bildung«, »verplanten Bildung« und »verunsicherten Bildung«. Die gegenwärtige Bildungspolitik zeichnet sich nach seiner Ansicht durch »mehr oder weniger hektische Reformen«[53] nach der Überwindung der durch die PISA-Ergebnisse ausgelösten Schock-
starre (seit 2000) aus.

Beschäftigungsfähigkeit oder Persönlichkeitsbildung?

Zu den fragwürdigen Reformen zählt er die Verkürzung der Schulzeit, die Bologna-
Reform an den Universitäten und die an Kompetenzen orientierte Umstellung der Cur-
ricula. Die Tatsache, dass man heute als Maßstab für die Reformen den internationalen
Vergleich setzt und damit die Anpassung an internationale Trends, ist für Nida-Rümelin
ein Teil des Problems, nicht ein Schritt zu dessen Lösung. Deutlich beklagt der Autor das
Fehlen einer kulturellen Leitidee, wie es sie noch Anfang des 19. Jahrhunderts bei den
großen Bildungsreformen gab. Damals war es das Aufklärungsideal der Bildung zu einer
freien, selbstbestimmten Person. Heute, so klagt der Philosoph, stehe nur noch »der Ge-
danke der *employability* als Ersatz für eine fehlende kulturelle Bildungsidee im Vordergrund«[54] – die Fähigkeit beschäftigt zu werden, berufstätig zu sein und den eigenen

---

52 Georg Picht: Die deutsche Bildungskatastrophe. Analyse und Dokumentation. Freiburg i.
    Breisgau 1964. Picht charakterisierte mit dem Begriff die Situation des seinerzeitigen
    Bildungswesens in der Bundesrepublik und löste eine breite Debatte aus. Er prangerte dabei
    die im internationalen Vergleich niedrigen Bildungsausgaben in Deutschland an, kritisierte
    u. a. die geringe Quote an Abiturienten, die großen Unterschiede zwischen Stadt und Land,
    und forderte grundlegende Reformen des dreigliedrigen Schulsystems und der Erwachsenen-
    bildung, weil sonst wesentliche Nachteile im internationalen Wettbewerb der Wirtschaft zu
    befürchten seien.

53 Julian Nida-Rümelin, Klaus Zierer: Auf dem Weg in eine neue deutsche Bildungskatastro-
    phe. Zwölf unangenehme Wahrheiten. Freiburg 2015, S. 195.

54 Ebenda, S. 31.

Abb. 8
*PISA als Waffe in kulturell-
ökonomischer Kriegsführung*

Lebensunterhalt zu verdienen. Damit werde Bildung zum Instrument für einen ökonomischen Zweck.

Gegen die Vereinnahmung von Bildung durch bildungsfremde Motive protestieren auch andere Bildungsforscher, wie Jochen Krautz, bis 2013 Professor für Kunstpädagogik in Wuppertal. Er geißelt die Übertragung eines ökonomistischen Denkens auf Schule und Hochschule und entdeckt dahinter ein »kulturimperiales Projekt« der OECD, das seit 1961 betrieben werde.[55] Krautz unterstellt, dass die OECD den gezielten Bruch mit nationalen kulturellen Traditionen betreibe, um Menschen »geistig und emotional bereit für die Ansprüche der globalisierten Ökonomie zu machen, die sie als ›Fortschritt‹ definiert«. In den PISA-Studien sieht er sogar eine Waffe in »kulturell-ökonomischer Kriegsführung«. PISA breche systematisch mit den europäischen Traditionen von Christentum, Humanismus und Aufklärung. Zum Selbstverständnis des bildungsökonomischen Denkens zählt die Ansicht, auch das Erziehungswesen gehöre in den Komplex der Wirtschaft.

In der Konsequenz dieser Anschauung ist es notwendig, »Menschen für die Wirtschaft vorzubereiten wie Sachgüter und Maschinen. Das Erziehungswesen steht nun gleichwertig neben Autobahnen, Stahlwerken und Kunstdüngerfabriken.«[56] Wer Erziehung als wirtschaftliche Investition, Lehrer als *Produktionsfaktoren*, Schüler als *Rohmaterial* behandelt und unter Allgemeinbildung nur die *Befähigung zu immer neuer Anpassung* versteht, der bricht in der Tat mit einer fundamentalen Tradition, die in Mitteleuropa zur Bildungsfrage entstanden ist. In einem zweiten Schritt soll diese ideelle Strömung im Folgenden bewusst gemacht werden.

Das Erwachen des Ich im Zeitalter der Renaissance

Nach Nida-Rümelin steht im Mittelpunkt der deutschen Bildungstradition die Persönlichkeitsbildung und damit die Fähigkeit, Autor des eigenen Lebens zu werden. Die moderne Sehnsucht, sich selbst als autonomes Ich-Wesen zu entwerfen, ist bewusstseinsgeschichtlich in der Zeit um 1500 erwacht. Dies zeigt ein Blick in die Kunstgeschichte. Obwohl Albrecht Dürer, 1471 als drittes Kind unter später 18 Geschwistern in Nürnberg geboren, noch in einer Welt festgelegter religiöser Bezüge und sozialer Traditionen groß wird, darunter die Enge der Zunftordnung als Sohn eines Goldschmieds, so zeigen doch seine zahlreichen Selbstportraits (insgesamt acht!) einen ungewöhnlichen Drang nach Selbsterforschung und eine Tendenz zur Grenzüberschreitung. Schon der 13-jährige Dürer zeichnet sich 1484 im Dreiviertelprofil vor dem Spiegel mit Silberstift auf Papier. Auffallend sind sein verträumt-forschender Blick unter dem Barett und den Haarfransen, die deutende Geste des Zeigefingers, Licht und Schattenspiel des Gewandes. Keine zehn Jahre später sehen wir ihn vornehm als höfischen Liebhaber gekleidet auf einem »Selbstbildnis mit Eryngium«, einem Distelgewächs, wie es die christliche Ikonografie als Symbol der Passion kennt. Wiederum im Dreiviertelprofil, jetzt aber den Betrachter fixierend, blickt er mit langem Hals, den ein kragenloses Hemd und ein dunkler Umhang freigeben, keck unter der provokativ roten Mütze hervor. Verweist das Distelgewächs auf seine Gottesfurcht, so der Aufzug eher auf die bevorstehende Heirat mit der vier Jahre jüngeren Nürnbergerin Agnes Frey, die bereits Monate vor seiner Rückkehr von zweijähriger Wanderschaft durch Städte wie Colmar, Basel oder Straßburg feststand. Als Maler betreibt Dürer in seinen Selbstportraits ein originelles Spiel mit Rollen und Erwartungen und er beharrt trotz aller Rückgriffe auf der Rätselhaftigkeit und Originalität seiner Persönlichkeit. Dies wird besonders deutlich in dem berühmten »Selbstbildnis im Pelzrock«, das der 28-Jährige zur Jahrhundertwende in Öl von sich anfertigt. Obwohl die strenge Frontalität der Darstellung zur damaligen Zeit Christus vorbehalten war, überspringt der junge Maler das traditionelle Schema des Halb- oder Dreiviertelprofils, indem er sich frontal darstellt. Seine rechte Hand greift an den vornehmen Pelzrock und erinnert darin an den Segensgestus Christi. Dürer betont sein geniales Schöpfertum und damit eine Art Christusähnlichkeit in seiner Eigenschaft als Künstler. Seine »Werkzeuge«, wie das Auge und die Hand, werden durch den Lichteinfall, die Anordnung entlang der Mittelachse und die Platzierung seiner Signatur AD besonders akzentuiert. Das Selbstbewusstsein des Künstlers wird von der Bildunterschrift oben rechts unterstrichen: »Ich, Albrecht Dürer aus Nürnberg, habe mich in einem Alter von 28 Jahren in passenden Farben so dargestellt.« Auch in seiner Kleidung strebt der Maler die Aufwertung der

---

55 Jochen Krautz: Zersetzung von Bildung: Ökonomismus als Entwurzelung und Steuerung. In: Coincidentia. Zeitschrift für europäische Geistesgeschichte, Beiheft 5, Bernkastel-Kues 2015, S. 114.

56 Dieses Zitat und die folgenden sind einem Bericht über die OECD-Konferenz 1966 in Washington entnommen; s. dazu die Anmerkung 42 in Coincidentia, a. a. O., S. 113.

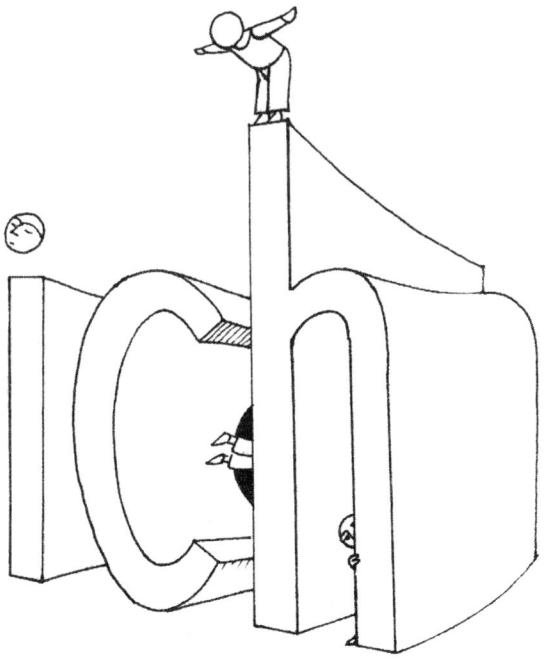

Abb. 9

Es kann sich suchen, verlieren und
wiederfinden – Das Rätsel des Ich.

eigenen Person an. Die Kleiderordnung der damaligen Zeit schrieb vor, dass der Marderpelz nur den städtischen Eliten im deutschen Raum vorbehalten war. Sie mussten reich sein, dem Adel oder Patriziat angehören und sich damit als ratsfähig erweisen, also durch ihren hohen gesellschaftlichen Stand die Möglichkeit besitzen, in den Stadtrat gewählt zu werden. Dürer erfüllte beide Bedingungen um 1500 nicht. Der kühne Umgang mit zeitgenössischen Regelwerken ist Teil seiner Selbstinszenierung. Es ist typisch für die Renaissance-Maler dieser Zeit, dass der Blick, mit dem sie dem Betrachter in die Augen schauen, immer lebhafter wird, was die neue Technik der Ölmalerei auch ermöglichte. Der Portraitierte ist nicht mehr bloß eine Person, die von der Umgebung in Form einer Rolle oder eines Typs bestimmt wird. »Der Künstler hat die Macht errungen, sich selbst zu definieren.«[57] Rose Ausländer, die jüdische Dichterin aus Czernowitz, wird 450 Jahre später in ihrem Gedicht »Doppelt« über die Magie des Spiegels, das Medium der Selbsterkundung, schreiben: »Der Spiegel / gibt mich / mir wieder / Hier steh ich / Ich an Ich.«

Dass man sich suchen, verlieren und wiederfinden kann, das gehört ebenso zum Rätsel des Ich wie die Tatsache, dass das Individuum Spuren hinterlässt und doch unsichtbar bleibt. So spricht Rudolf Steiner in Anknüpfung an Jean Paul davon, dass das Ich in dem verhangenen »Allerheiligsten des Menschen« verborgen sei.[58] Dieses Spiel, sich zu zeigen und sich gleichzeitig zu verbergen, sich malend zu inszenieren und zugleich dem Betrachter einen grübelnden Blick zuzuwerfen, wird um 1500 zu einem lustvollen Verfahren der Selbsterkundung.

Auch in anderen Phänomenen der Renaissance zeigt sich das Erwachen des Ich-Bewusstseins. So entdeckt der Künstler Filippo Brunelleschi 1417 vor dem Eingang zum Dom auf der Piazza del Duomi in Florenz in einem Spiegelexperiment die Zentralperspektive. Er wollte seinen Mitbürgern – ausgerüstet mit einem kleinen Spiegel, einer Holzpalette, einer Staffelei, kleinen Pinseln und einer Palette – zeigen, wie man eine Malerei konstruiert. Der Spiegel, den er oberhalb der Staffelei befestigte, gab die Linien vor: Taufkapelle, ein Stück des Platzes, ein Ausschnitt der Hausfassaden, im Hintergrund Straßenecken. Zunächst markierte Brunelleschi den Fluchtpunkt und die parallelen Linien, die sich dort trafen. Der dreidimensionale Raum wurde jetzt wie im Spiegel auf einer zweidimensionalen Fläche abgebildet. Er malte das Bild zuhause fertig, ging dann zurück zum Malort und demonstrierte vorbeigehenden Fremden, dass das Bild genau wie in Wirklichkeit aussah. Dabei ließ er sie durch eine Holzplatte blicken, deren Guckloch genau mit dem Fluchtpunkt seines Gemäldes übereinstimmte. Was der verblüffte Betrachter damals für Magie gehalten haben mochte, war eine Demonstration der Zentralperspektive in der Malkunst. »Mit seinem Spiegelexperiment zeigte er eine Welt, die von einem ›Ich‹ gesehen wird.«[59] Wie ist es, wenn ein Ich die Welt sieht?

Parallel zu Dürers Jugendwerken entwirft in Florenz der jugendlich-geniale Philosoph Pico della Mirandola (1463 – 1494) seine *Rede über die Würde des Menschen*, mit der er »alle Gelehrten der Welt« zu einer Konferenz in Rom begrüßen wollte. Leider wurden einige seiner 900 Thesen vom Papst auf den Index gesetzt, sodass die globale Tagung nie stattgefunden hat. Dennoch wurde die Rede bald veröffentlicht. Sie enthält in scharfer Abgrenzung zum mittelalterlichen Menschenbild die Vision eines neuzeitlich freien Menschen, den Gott anspricht, nachdem er die Welt mit all ihren Tieren, Vögeln und anderen Wesen erschaffen hat. »Wir haben dich weder als einen Himmlischen noch als einen Irdischen, weder als einen Sterblichen noch als einen Unsterblichen geschaffen, damit du als dein eigener […] Bildhauer und Dichter dir selbst die Form bestimmst, in der du zu leben wünschst. Es steht dir frei, in die Unterwelt des Viehs zu entarten. Es steht dir ebenso frei, in die höhere Welt des Göttlichen dich durch den Entschluss deines eigenen Geistes zu erheben.«[60] Hier ist der Mensch nicht bloß Teil einer göttlichen Schöpfung. Er ist sein eigener Bildhauer, ein Künstler, der sich selbst entwirft. Die mittelalterliche Anschauung, jeder Mensch müsse eine Rolle in einer festgefügten Ordnung übernehmen, lässt dieser freiheitliche Entwurf nicht mehr gelten. Die Vision einer Persönlichkeitsbildung, einer Autorenschaft bezüglich des eigenen Lebens, taucht machtvoll auf.

---

57 Peter Normann Waage: Ich. Eine Kulturgeschichte des Individuums. Stuttgart 2014, S. 222.
58 Rudolf Steiner: Theosophie. GA 9 (= hier und im Folgenden: Gesamtausgabe Nr.), Dornach 1962, S. 39.
59 Peter Norman Waage, a. a. O., S. 227.
60 Giovanni Pico della Mirandola: Über die Würde des Menschen. Zürich o. J., S. 10 f.

Die Mechanisierung des Ich im Strudel der Industrialisierung – zur Dynamik der Gegenkräfte

In einer dramatischen Parallelität der Ereignisse finden sich allerdings am Ende des 18. Jahrhunderts bzw. in der ersten Hälfte des 19. Jahrhunderts Vorgänge, die das Individuum binden, neben solchen, die es befreien. Zu den ersteren gehört die revolutionäre Erfindung bzw. technische Verbesserung der Dampfmaschine durch James Watt 1769. Die Folgen dieser Tat sind zunächst in England, dann aber auch in Deutschland und in der gesamten westlichen Hemisphäre spürbar. Maschinen ersetzen die menschliche Arbeitskraft. Als Watt 1819 stirbt, laufen in England und Schottland allein mehr als 10 000 Dampfmaschinen. Der Erfinder des »eisernen Engels« wird in der Westminsterabtei an der Seite der englischen Könige begraben als Zeichen der höchsten Ehrung.

Die damit einsetzende industrielle Revolution mechanisierte zunächst die Textilindustrie. Hier dauerte es etwa 50 Jahre, von 1780 bis 1830, bis der letzte Handwebstuhl verschwunden war.[61] Der Mechanisierungsschub ergriff bald darauf den Bergbau, die Eisenindustrie und seit der Erfindung der Lokomotive 1814 auch den Verkehr in Form der Eisenbahn. Diese wurde in Deutschland über mehrere Generationen zur Leitindustrie, indem sie die Massenfabrikation in den schnell wachsenden Fabrikstädten nicht nur ermöglichte, sondern durch den gewaltigen Bedarf an Eisen und Stahl, der mit dem Ausbau des Eisenbahnnetzes verbunden war, auch anheizte. Aus Handwerkern werden Fabrikarbeiter. Deren Anzahl wächst allein in Deutschland von 80 000 um 1800 auf 8 Millionen hundert Jahre später. Das wachsende Industrieproletariat erlebt eine totale Umgestaltung der Arbeitsroutine, die von vielen zunächst als krisenhafter Verlust an Freiheit und Autonomie erlebt wurde. »Die neue Fabrikarbeit forderte durch den Takt der Maschinen im Vergleich zu den alten Arbeitsformen eine viel unerbittlichere Disziplin ein: Den bisher natürlichen Rhythmus des Tages löste das Regiment der Uhr ab, die Pünktlichkeit, Konstanz und Gleichmäßigkeit der Arbeit ebenso wie fixierte Pausen einforderte. Strenge Fabrikordnungen regelten die Arbeitszeiten, das Verhalten am Arbeitsplatz und die geringe Entlohnung. Über die Einhaltung der Fabrikdisziplin wachten Vorarbeiter, häufig ehemalige Unteroffiziere.«[62] Aus der ständisch geprägten Agrargesellschaft wird in Deutschland eine Industrie- und Klassengesellschaft. Die Wanderungsbewegung, die zur Zeit der Hochindustrialisierung in die städtischen Ballungszentren erfolgte, etwa in das Ruhrgebiet oder nach Berlin, gilt heute als die größte friedliche Massenbewegung der deutschen Geschichte.[63] Millionen von Menschen wurden mit einer mechanisierten Lebenswelt konfrontiert. Wer nicht als Fabrikbesitzer über Kapital und Maschinen verfügte und den vorherrschenden Wirtschaftsliberalismus als Bühne für unternehmerische Freiheit und Selbstverwirklichung erlebte, litt unter den Auswüchsen des modernen Kapitalismus. Denn zunächst profitierte vom industriellen Aufschwung nur eine kleine Minderheit. Mit den Klagen über die entsetzlichen Arbeitsbedingungen in den Fabriken konnte Marx »Seite um Seite in seinem *Kapital* füllen«[64], dessen erster Band 1867 erschien. Die Maschinen vernichteten dabei das Gefühl des Menschen, noch Teil eines großen Kosmos und einer sinnerfüllten Welt zu sein – ein fundamentaler Anschlag auf das menschliche Ich.

Der Mensch als Produkt von Vererbung und Milieu

Es wundert daher nicht, dass sich auch in der Literatur immer mehr Autoren von einer idealistischen Denkweise abwandten und sich im Zuge eines wissenschaftlich fundierten Realismus für das soziale Elend des Einzelnen interessierten. Als Vorläufer kann hier der hessische Naturwissenschaftler und Dichter Georg Büchner (1813–1837) gelten. Über dessen Dramengestalt Woyzeck, einen einfachen Soldaten und Barbier, den Elend, Unterdrückung und Wahnvorstellungen bis zum Mord an seiner Geliebten Marie treiben, schreibt der Theaterkritiker Alfred Kerr 1927: »Woyzeck ist ein Mensch, auf dem alle rumtrampeln. Somit ein Behandelter – nicht ein Handelnder. Somit ein Kreisel – nicht eine Peitsche [...] Somit ein Opfer – nicht ein Täter [...] Dramengestalt wird sozusagen die Mitwelt – nicht Woyzeck. Täter wird sozusagen die machtvolle Selbstsucht – nicht die machtlose Beute.«[65] Auch wenn Woyzeck noch kein Industriearbeiter ist, sondern zu den sog. Pauperes (von lat. pauper = arm) der Restaurationsepoche zwischen 1815 und 1848 gezählt werden muss, die oft als nicht sesshafte Tagelöhner, Gelegenheitsarbeiter oder einfache Soldaten ein kümmerliches Dasein fristeten, so kann seine Lage doch als symptomatisch für den Menschen im Industriezeitalter gelten. Denn an die Stelle des optimistischen Menschenbildes der Klassik, das von Freiheit und Selbstbestimmung geprägt ist, tritt ein Konzept, in dem der Mensch durch Triebnatur, Fremdbestimmung und gesellschaftliche Zwänge charakterisiert wird. Das zeitgenössische Vorbild der Figur, der 41-jährige Friseur Johann Christian Woyzeck, wurde 1824 in Leipzig wegen Ermordung seiner Frau hingerichtet. Der Expertenstreit, ob Woyzeck wegen nachgewiesener Symptome einer geistigen Verwirrung überhaupt zurechnungsfähig gewesen sei, ging damals weit über seinen Tod hinaus und beschäftigte noch 12 Jahre später den jungen Arzt Büchner bei der Niederschrift seines Dramas. Die eigentliche Hauptgestalt im Drama, um ein Wort von Alfred Kerr aufzugreifen, ist nicht Woyzeck, sondern die »Mitwelt«, das Milieu. Woyzecks Halluzinationen und sein Verfolgungswahn, seine Überzeugung »Es geht hinter mir, unter mir. *(Stampft auf den Boden)* Hohl, hörst du? Alles hohl da unten! Die Freimaurer!« (Szene Freies Feld), sie verweisen auf ein im 19. Jahrhundert tiefsitzendes Gefühl der Bedrohung, das sich hinter dem unbestimmten Pronomen »es« verbirgt. Als

---

61 Ulrike Herrmann: Der Sieg des Kapitals. Wie der Reichtum in die Welt kam: Die Geschichte von Wachstum, Geld und Krisen. Frankfurt 2013, S. 34.

62 Andrej Keller: Die Industrialisierung verändert Alltagsleben und Politik. In: Geschichte und Geschehen. Oberstufe Hessen, Stuttgart 2013, S. 271.

63 Peter Sprengel: Gerhart Hauptmann. Epoche – Werk – Wirkung. München 1984, S. 17.

64 Ulrike Herrmann, a. a. O., S. 48.

65 Aus: Stefan Groß: Georg Büchner und der Existenzrealismus. In: Tabularasa. Zeitschrift für Gesellschaft und Kultur, online-Ausgabe vom 28. 4. 2018.

eine solche anonyme Macht erlebt Woyzeck die Übermacht der Umstände, die Gewalt der sozialen Verhältnisse.

Der Mensch erscheint in dieser Lesart nicht mehr als autonomes Ich, sondern als ein Produkt von Vererbung und Milieu, also von biologischen und sozialen Faktoren. An die Stelle des freien Willens, den die klassischen Autoren noch ins Zentrum ihrer humanistischen Philosophie gestellt hatten, treten Abhängigkeit und Zwang. »Das *muß*«, stöhnt Büchner in einem Brief an seine Braut Wilhelmine Jaeglé vom 10. März 1834, »ist eins von den Verdammungsworten, womit der Mensch getauft worden. […] Was ist das, was in uns lügt, mordet und stiehlt?«[66] Auf dieser weltanschaulichen Grundlage entwickelt sich ab 1880 die literarische Strömung des Naturalismus, zu der in Frankreich Émile Zolas Roman »Germinal« (1885), in Deutschland die Werke Gerhart Hauptmanns, wie das soziale Drama »Die Weber« (1893), das Mietshausdrama »Die Ratten« (1910) oder die Novelle »Bahnwärter Thiel« (1887) zählen. Der Naturalismus gilt in der Forschung als die erste literarische Strömung, die »die Herausforderung durch das naturwissenschaftliche Weltbild der Gegenwart annimmt«.[67] Nach Émile Zolas Essay *Le roman expérimental* (1880), in dem er die Identität von Literatur und Wissenschaft postuliert, verwandelt sich der Schreibtisch des Dichters in ein chemisches Labor. Die Gesetzmäßigkeit, die hinter Einflussfaktoren wie Vererbung und Milieu vermutet wird, soll hier mit objektivem Erkenntnisanspruch freigelegt werden. Und dennoch: Obwohl Hauptmann seine Literatur nach Zolas Vorbild durch wissenschaftliche Recherchen, etwa über das Weberelend in Schlesien 1890, konsequent auf eine wissenschaftliche Grundlage stellen wollte, verstand er die Dichtung weiterhin als einen irrationalen schöpferischen Vorgang und hielt an der Vorstellung vom produktiven *Genie* fest, wie sie seit der Epoche des Sturm und Drang (ab 1770) in Deutschland verbreitet war.[68] Man spürt an dieser Haltung, wie sich das menschliche Ich dagegen wehrt, wenn seine schöpferische Dimension in Abrede gestellt wird.

Die Spiritualisierung des Ich bei Friedrich von Hardenberg

Zurück zu den Anfängen des Industriezeitalters. In das letzte Drittel des 18. Jahrhunderts und damit in die Zeit der frühen Ausbreitung der Dampfmaschine fallen Leben und Werk des romantischen Dichters Friedrich von Hardenberg (1772–1801). Seine Dichtung, insbesondere sein aphoristisches Werk, liest sich wie ein Gegenentwurf zu der angedeuteten europäischen Entwicklung in Richtung Mechanisierung und zu einem deterministischen Menschenbild. Inwiefern enthält Hardenbergs dichterisches und philosophisches Werk die Umrisse einer kulturellen Leitidee für die Bildungsfrage?

Als Ausgangspunkt der Betrachtung mag ein Ereignis gelten, das im Mai des Jahres 1795 in Jena stattfand. Im Haus des Philosophen Immanuel Niedhammer trafen drei Männer aufeinander, die alle später noch von sich reden machen: der Philosoph Johann Gottlieb Fichte, seit einem Jahr Professor an der Universität Jena, der Hauslehrer und angehende

Dichter Friedrich Hölderlin sowie als jüngster der gerade 23-jährige Friedrich von Hardenberg, seit seinem juristischen Staatsexamen 1794 in Wittemberg Aktuarius im thüringischen Kreisamt Tennstedt. Der karge Tagebucheintrag Niethammers lautete: »Viel über Religion gesprochen und über Offenbarung und daß für die Philosophie noch viele Fragen offen bleiben.«[69] Er verrät nicht, dass Novalis, wie sich Hardenberg ab 1797 nennen wird, seit dieser Begegnung entschlossen war, Fichtes Philosophie zur Grundlage des eigenen Denkweges zu machen. Schon damals verfügte er über eine souveräne Kenntnis von dessen Werk einer »Wissenschaftslehre«. Schon Hardenbergs Vater Heinrich Erasmus hatte sich zwischen 1774 und 1784 durch finanzielle Zuwendungen um das Studium von Fichte gekümmert, weil dieser aus ärmlichen Verhältnissen stammte. Die familiäre Verbundenheit allein erklärt allerdings nicht, weshalb sich Hardenberg seit dem Spätherbst 1795 während seines Fichte-Studiums über 500 Seiten handschriftliche Exzerpte und Notizen machte und dafür einen großen Teil seiner freien Zeit neben dem Verwaltungsdienst opferte. In einem Brief aus dieser Zeit bezeichnet er die Ideen Fichtes sogar als »dringende Einleitungsstudien auf mein ganzes künftiges Leben [...] und nothwendige Uebungen meiner Denkkräfte.«[70] 1796 wird Novalis über Fichte schreiben: »Fichten bin ich Aufmunterung schuldig – Er ists, der mich weckte und indirecte zuschürt.«[71] Der Ausgangspunkt von Fichtes *Wissenschaftslehre* besteht in einer »Tathandlung« des menschlichen Ichs. »Das Ich setzt sich selbst«. Damit ist es zugleich das Handelnde und das Produkt der Handlung – eine Kraft, »die sich durch sich selbst ins Leben ruft, die allein auf sich selbst und auf nichts anderem begründet ist«.[72] Fichte hielt lebenslang an diesem Gedanken der autonomen Selbstbegründung fest. Mit seinem Werk hielt der Begriff des Ich endgültig Einzug in die Philosophie.

Novalis verstand die Philosophie Fichtes als »eine Aufforderung zur Selbsttätigkeit« (II 182). Wie Fichte zwischen einem empirischen und einem absoluten Ich unterschied, so sieht Novalis ein »reines« und ein »empirisches Ich« (II 9), ein »absolutes« und ein »mittelbares Ich« (II 31). Er denkt den menschlichen Wesenskern als einen »und doch ... Zwey, die durchaus verschieden sind« (II 159). Damit gesteht er dem Menschen unendliche Entwicklungsmöglichkeiten zu. Euphorisch stellt er fest: »Ich ist keine Encyclo-

66 Briefe von Büchner. Gießen und Darmstadt 1833–1835. In: Georg Büchner: Werke und Briefe. München 1983, S. 256.

67 Peter Sprengel, a. a. O., S. 39.

68 Ebenda, S. 40.

69 Florian Roder: Novalis. Die Verwandlung des Menschen. Leben und Werk Friedrich von Hardenbergs. Stuttgart 1992, S. 209.

70 Novalis Schriften. Die Werke Friedrich von Hardenbergs, herausgegeben von Paul Kluckhohn und Richard Samuel, zweite ergänzte und verbesserte Auflage in vier Bänden und einem Begleitband, Stuttgart 1960 ff. (zitiert als HKA = historisch-kritische Ausgabe, Band, Seitenzahl), I 574.

71 Brief an Friedrich Schlegel vom 8. Juli 1796, II 601 f.

72 Jost Schieren: Das Rätsel des menschlichen Ichs. Eine pädagogische Betrachtung. In: Vierteljahrsschrift der anthroposophischen Arbeit in Deutschland, Johanni 2012, S. 97.

paedie, sondern ein universales Princip« (II 185). Es kann alles aus ihm werden! Auch aus Briefäußerungen von Novalis kann man diesen Gedanken heraushören. So ruft er dem Bruder Erasmus im Februar 1796 zu: »Du bist ein physisch leidender – aber moralisch thätiger Mensch. Das Blatt dreht sich einst – die letzten werden die Ersten sein [...] Bleibe fest im Glauben an die Universalität Deines Ichs« (I 587). An Fichte begeisterte den jungen Dichter auch, dass dieser die Annahme von Erkenntnisgrenzen, die sein Zeitgenosse Kant gezogen hatte, indem er von einem nicht erkennbaren »Ding an sich« sprach, zurückgewiesen hatte. Der menschliche Geist ist zu unendlicher Progression fähig – diese Annahme durchzieht später das ganze Werk von Novalis, am deutlichsten sichtbar in seinen Fragmenten. So heißt es wenig später in seinen *Vermischten Bemerkungen*, die Novalis im Frühjahr 1798 unter dem Titel *Blüthenstaub* in der Zeitschrift *Athenäum* veröffentlicht: »Ganz begreifen werden wir uns nie, aber wir werden und können uns weit mehr, als begreifen.«[73] Dieser mystisch erscheinende Satz erzählt sehr viel über die innere geistige Landschaft, in der Novalis in dieser Zeit unterwegs ist. Er grenzt sich, typisch für die Romantiker, gegen jeden Reduktionismus ab und schafft damit einen Gegenpol zur vernunftbegründeten Aufklärung.

Die Infragestellung der Erkenntnisgrenzen im Umfeld des Sophien-Erlebnisses

Novalis ist zum einen inspiriert durch den holländischen Philosophen Franz Hemsterhuis (1721–1790), mit dessen mystisch-dichterischem Neuplatonismus er durch Herder und Schlegel bekannt wurde. Nach Hemsterhuis verfügt der Mensch über ein inneres moralisches Organ, das zu höherer Erkenntnis erweckt werden kann. Dieses gleichsam schlafende Organ ist in der Lage, zur unbekannten »moralischen« Seite des Universums vorzudringen, die hinter der physischen Erscheinungswelt liegt. Den Keim zu diesem metaphysischen Wahrnehmungsorgan erblickt Hemsterhuis in der Liebe. So fragt Novalis in seinen Hemsterhuis-Studien von 1797: »Durch die ausschweifende Ausdehnung und Ausbildung der niederen Vermögen sind zwar die Künste entstanden – aber das wesentliche Organ – *das Herz*, hat verloren? Die Ausbildung dieses Organs bleibt einer künftigen Existenz vorbehalten – die Ausbildung dieses Organs ist ein Karacter unsrer ächten Perfectibilitaet.«[74] Die Tendenz von Hemsterhuis, Ausblicke auf künftige Fähigkeiten des Menschen zu geben, wird Novalis beibehalten, ja verstärken. Dies hängt auch mit einer persönlichen Erfahrung zusammen, die der Dichter im Frühjahr 1797, also kurz vor seinen intensiven Hemsterhuis-Studien, durchlebt hat. Ich meine den Tod seiner Braut Sophie von Kühn (1782–1797) und das damit zusammenhängende *Sophien-Erlebnis*.

Obwohl das bei der Erstbegegnung im November 1794 erst 12-jährige Mädchen als Tochter von adeligen Freunden im nahen Schloss Grüningen (Hardenberg war damals im unweit gelegenen Kreisamt Tennstedt tätig) noch ein Kind war und über keine höhere Bildung verfügte, erschien sie dem 22-jährigen Juristen und Aktuarius zutiefst seelenverwandt. Er setzte sich gegenüber dem eigenen Vater nach der schnellen und heimlichen

Verlobung im März 1795 für eine Heirat ein, obwohl Sophies Familie noch nicht als »stiftsfähig« galt. Denn erst ihr Großvater war in den Adelsstand erhoben worden und Sophies Mutter war noch bürgerlich geboren.[75] Novalis' Überzeugung von der besonderen moralischen Ausstrahlung, der inneren Größe Sophies – in einem Brief vom Mai 1797 nennt er sie im Rückblick eine »der edelsten, idealischen Gestalten [...], die je auf Erden gewesen sind«[76] – wurde maßgeblich vertieft durch Sophies schwere Erkrankung und ihren baldigen Tod. Die ersten Anzeichen einer schweren Erkrankung Sophies wurden bereits ein halbes Jahr nach dem heimlichen Verlöbnis sichtbar. Auch eine Leberoperation im Sommer 1796 brachte wenig Besserung, sodass das Mädchen mit kaum 15 Jahren am 19. März 1797 starb. In den Wochen und Monaten nach Sophies Schwellenübertritt lebt Novalis ganz im Andenken an die Verstorbene. Als er das erste Gefühl einer »gränzenlos(en)« Trauer, einer großen Leere und »Versteinerung«[77] überwunden hat, gelingt es ihm ab Sommer 1797 dem Tod der Geliebten einen höheren Sinn abzuringen. Dieser taucht als Visionserlebnis im Tagebucheintrag vom 13. Mai 1797 auf: »Das Grab blies ich wie Staub vor mir hin – Jahrhunderte waren wie Momente – ihre Nähe war fühlbar – Ich glaubte sie solle immer vortreten« (I 463). Dieses Erlebnis hat Novalis in seinen »Hymnen an die Nacht«, die im August 1800 in der Zeitschrift Athenäum erscheinen, in unvergleichlicher Weise dichterisch gestaltet. Das lyrische Ich steht in der folgenden Textpassage in Schmerz aufgelöst und »einsam [...] am dürren Hügel«, biografisch gesprochen an dem noch unbepflanzten Grab der Sophie von Kühn. Dann heißt es plötzlich und mit großer Emphase: »mit einemmale riß das Band der Geburt – des Lichtes Fessel. Hin floh die irdische Herrlichkeit und meine Trauer mit ihr – zusammen floß die Wehmut in eine neue, unergründliche Welt – du Nachtbegeisterung, Schlummer des Himmels kamst über mich – die Gegend hob sich sacht empor; über der Gegend schwebte mein entbundner, neugeborner Geist [...] und erst seitdem fühl ich ewigen, unwandelbaren Glauben an den Himmel der Nacht und sein Licht, die Geliebte.«[78]

In seinem *Journal*, das Novalis vom 18. April bis zum 6. Juli des Todesjahres von Sophie führt, kann man den Versuch des Schreibers erkennen, alle Glieder der Seele »von innen heraus zu ergreifen«, indem Novalis lernt, mit dem Schmerz »methodisch umzugehen«[79] So betont er an einer Stelle den Vorsatz: »Ich muß schlechterdings suchen Mein besseres Selbst im Wechsel der Lebensszenen, in den Veränderungen des Gemüths behaupten zu lernen. *Unaufhörliches Denken an mich selbst*, und *das, was ich erfahre und thue*« (alle Hervorhebungen hier und im Folgenden von Novalis). Im *Blüthenstaub-*

73 Hans-Joachim Mähl und Richard Samuel (Hrsg.): Novalis. Das philosophisch-theoretische Werk (Bd. 2), München/Wien 1978, S. 229.
74 Hans-Joachim Mähl, a. a. O., S. 214.
75 Florian Roder, a. a. O., S. 161.
76 Ebenda, S. 163.
77 Ebenda, S. 238.
78 Mähl/Samuel (Hrsg.), a. a. O., Bd. 1, S. 155.
79 Florian Roder, a. a. O., S. 246.

Fragment Nr. 16 werden wir später die berühmte Zeile lesen: »[...] Wir träumen von Reisen durch das Weltall: ist denn das Weltall nicht in uns? Die Tiefen unseres Geistes kennen wir nicht. – Nach Innen geht der geheimnisvolle Weg [...].«[80] Im Zuge dieses spirituellen Aufbruchs werden die Außenwelt, etwa die heranbrandenden Sinneseindrücke, als »Schattenwelt« erfahren, die Innenwelt aber als »Lichtreich«. Diese geistige Dimension im eigenen Bewusstsein soll sich nach Novalis in Zukunft immer mehr Menschen erschließen. In einer antithetischen Gegenüberstellung von *jetzt* und *dann* prophezeit er: »Jetzt scheint es uns freylich innerlich so dunkel, einsam, gestaltlos, aber wie ganz anderes wird es uns dünken, wenn diese Verfinsterung vorbey, und der Schattenkörper hinweggerückt ist. Wir werden mehr genießen als je, denn unser Geist hat entbehrt.«

In Novalis' Bildungsbegriff haben diese Erfahrungen eine doppelte Spur hinterlassen: als ein Wissen um ein höheres Ich und als Ahnung davon, dass der Mensch jederzeit fähig ist, »ächte Offenbarungen des Geistes«[81] zu empfangen und damit die Grenzen der Erkenntnisfähigkeit zu weiten. Die Trennlinie zwischen sinnlicher und übersinnlicher Welt ist für den jungen Novalis, den Fichte-Schüler, noch ein Gegenstand des Nachdenkens. Für den gereifteren Dichter nach 1797 ist diese Grenze durchlässig geworden. Er grenzt sich von der zeitgenössischen Philosophie der Aufklärung ab, wenn er in dem bereits angesprochenen *Blüthenstaub*-Fragment Nr. 22 schreibt: »Das willkürlichste Vorurtheil ist, daß dem Menschen das Vermögen außer sich zu seyn, mit Bewußtsein jenseits der Sinne zu seyn, versagt sey. Der Mensch vermag in jedem Augenblicke ein übersinnliches Wesen zu seyn. Ohne dies wäre er nicht Weltbürger, er wäre ein Thier [...].« Das Interessante an Novalis' Werk ist, dass er dieses Potential des Menschen nicht nur postuliert. Vielmehr schafft er in seinem fragmentarischen Werk Material, mit dessen Hilfe die Steigerung der Erkenntniskräfte auch geübt werden kann. Dies soll in einer abschließenden Überlegung gezeigt werden.

Das romantische Fragment – Entwicklungswerkstatt für ein neues Denken

Die Geburt des Fragments kann ziemlich genau datiert werden. Es ist die Jahreswende 1797/98. In diesen Monaten entstehen jene Kurz-Texte, die sich im Nachlass als »Vermischte Bemerkungen« erhalten haben. Zu Ostern 1798 wird ein Teil von ihnen unter dem organischen Titel *Blüthenstaub* von den befreundeten Gebrüdern Schlegel in der Programmzeitschrift der Frühromantiker, dem ersten Heft des *Athenäum*, veröffentlicht. Bei der Drucklegung bittet Hardenberg erstmals um die Verwendung des Pseudonyms *Novalis*. Damit knüpft er an einen uralten Beinamen seiner Familie an: De novali, die »Neuland roden«, abgeleitet vom Gut seiner Vorfahren, Großenrode. Welches Neuland macht der Dichter urbar?

In der Konsequenz dieses Wortfeldes nennt Novalis seine Fragmente auch »literarische Sämereien« und stellt der Sammlung die Hoffnung voran:

»Freunde, der Boden ist arm, wir müßen reichlichen Samen
Ausstreun, daß uns doch nur mäßige Erndten gedeihn.«[82]

Bescheidener und mit leichter Ironie nennt er das Saatgut in einem Brief an Friedrich
Schlegel vom Dezember 1797 auch »Bruchstücke des fortlaufenden Selbstgesprächs in
mir – Senker« oder einen »Bogen mystischer Fragmente« (I 652). Er bittet sein Gegenüber wenig später um sein Urteil »über meinen Mystizismus, der noch ein sehr unreifes
Wesen hat« (I 662). Dabei greift er eine zeitgenössische Denkfigur auf, die in Geheimen
Gesellschaften üblich war. Gewisse Botschaften sollten im öffentlichen Bereich nur ver-
schlüsselt ausgesprochen werden, um sie vor Missverständnissen zu bewahren. In seiner
Vorrede zu einer späteren Fragment-Sammlung *Glaube und Liebe* (1798) heißt es in Anknüpfung an diese Tradition »Jedes wahre Geheimnis muß den Profanen von selbst aus-
schließen. Wer es versteht ist von selbst, mit Recht, *Eingeweihter*«[83]. Die Sprache, die zu
diesem »heimlichen reden« notwendig ist, »kann entweder eine *dem Ton* nach, oder *den
Bildern* nach fremde Sprache seyn. Dies letztere wird eine Tropen und Räthselsprache
seyn«. Die Trope, eine Figur aus der Stilistik und Rhetorik, ist jede Form der Rede, die
das Gemeinte uneigentlich oder bildlich ausspricht, z. B. durch einen übertragenen Ausdruck. Hardenbergs »Mystizismus« zielt jedoch weder auf das elitäre und willkürliche
Auswahlverfahren der Geheimen Gesellschaften ab – noch ist es ihm um bloße rhetori-
sche Ausschmückung zu tun. Vielmehr verwendet er den »mystischen Ausdruck« als »Ge-
dankenreiz«[84] und überlässt es dem Leser, sich durch innere Selbsttätigkeit zum Verstän-
digen, zum »Eingeweihten« zu machen. Der Wert einer philosophischen Mitteilung
besteht für Hardenberg nicht in dem, was sie ist, sondern in dem, was sie bewirkt und im
Leser entfacht. Diese Akzentverschiebung hatte er bereits bei Hemsterhuis gefunden und
gefeiert – in einer »herrliche(n) Stelle vom Geist und Buchstaben der Philosophie: Nach
ihm ist der Buchstabe nur eine *Hülfe* der philosophischen Mittelung – deren eigentliches
Wesen im *Nach*denken besteht.«[85] Dieser Absicht werden am ehesten Sätze gerecht, die
nicht im Verband stehen, d. h. »lauter Themas« in Form von »*Stoß*sätzen«. Die systemati-
sche und analytische Ausführung soll geradezu vermieden werden. Sie ist nur für »Träge
und Ungeübte – denen die Mutter erst fliegen […] lernen muß«.

80 Mähl/Samuel (Hrsg.), a. a. O., Bd. 2, S. 233.
81 Blüthenstaub-Fragment Nr. 22, in: Mähl/Samuel, a. a. O., Bd. 2, S. 235.
82 Ebenda, S. 227.
83 Mähl/Samuel (Hrsg.), a. a. O., Bd. 2, S. 290, Nr. 2.
84 Ebenda, Nr. 3.
85 Ebenda, S. 216 als Entdeckung innerhalb seiner Hemsterhuis-Studien von 1797.

Wie wird unser Denken flüssig? Verrätseln als Methode

Es gibt wohl kaum eine literarische Gattung, die dem Leser so viel zumutet wie der Aphorismus. Das Drama bietet ihm, vereinfacht gesagt, den Faden der Handlung an. Die Lyrik den unmittelbaren Ausdruck des Gefühls. Der Roman den Weg der Persönlichkeit. Der Aphorismus hingegen wirft den Leser immer auf sich selbst zurück. Denn er beharrt auf seiner Selbständigkeit und Vereinzelung im Sinne des *Athenäum*fragments Nr. 206 von Friedrich Schlegel: »Ein Fragment muß gleich einem kleinen Kunstwerk von der umgebenden Welt abgesondert und in sich vollendet seyn wie ein Igel.« Der Gattungsbegriff betont aber nicht nur die igelhafte Tendenz. Zwar kann das griechische Verb »aphorizein« mit »abgrenzen, abschneiden, abtrennen« übersetzt werden – womit die Zusammenhangslosigkeit betont wäre. Ebenso verweist aber die Etymologie auf eine verschüttete Bedeutung: »von einem Horizont abheben« und »in einen neuen Horizont stellen«.[86] Aus welchem Horizont, so könnte man fragen, tritt der Aphorismus heraus und welchen neuen Zusammenhang lässt er aufleuchten? Wer sich an den insgesamt 114 Fragmenten der Sammlung *Blüthenstaub* lesend erprobt, der staunt über die thematische Vielfalt: Politik, Gesellschaft, Kunst, Religion, psychologische Fragen, wie der »Unterschied zwischen Wahn und Wahrheit« (Fragment Nr. 8), Naturwissenschaft und Metaphysik tauchen ebenso auf wie das Befragen der Bildung – in gewisser Weise das stille Leitthema der Sammlung. »Die höchste Aufgabe der Bildung ist, sich seines trancendentalen Selbst zu bemächtigen, das Ich seines Ich's zugleich zu seyn [...]« (Fragment Nr. 28) oder pointierter und voll Ironie »Je verworrener ein Mensch ist, man nennt die Verworrenen oft Dummköpfe, desto mehr kann durch fleißiges Selbststudium aus ihm werden; dahingegen die geordneten Köpfe trachten müssen, wahre Gelehrte, gründliche Encyklopädisten zu werden [...]« (Fragment Nr. 54).

In solchen Formulierungen zeigt sich, dass Novalis mit den Spielarten der Gattung von Beginn an virtuos umgeht. Dazu gehören die Kürze, die programmatische Vereinzelung, aber auch das Einprägsame der Texte, ihre Pointiertheit oder das bewusst Persönliche. Typische Stilfiguren, die das Denken des Lesers in Gang setzen, sind Maximalbehauptungen, wie sie gleich das erste Fragment der *Blüthenstaub*-Sammlung enthält:

»Wir suchen überall das Unbedingte, und finden immer nur Dinge.«[87]

Wie ein Grundakkord sind die zwei schlichten, durch Konjunktion verbundenen Aussagesätze der gesamten Aphorismengruppe vorangestellt. Die im Vordersatz entworfene Suche nach dem »Unbedingten« findet in dem schlichten Hinweis auf die überall anzutreffenden »Dinge« eine überraschende Lösung. Durch das generalisierende »Wir« und die Orts- bzw. Zeitangabe »überall« und »immer«, die in ihrer höchsten Wertigkeit gebraucht sind, zwingt Hardenbergs Sprachkunst den Leser, die Geltungskraft der Aussage anhand der eigenen Erfahrung zu prüfen. Darüber hinaus ist der Horizont des Satzes menschheitlich und zeitlos. Der Leser wird an das bekannte Bibelwort erinnert, das Jesus den Häschern der Hohenpriester und Pharisäer entgegenhält: »Ihr werdet mich suchen, und ihr werdet mich nicht finden; denn wo ich bin, dorthin könnt ihr nicht gelangen« (Johannes 7, 34). Im Sinne von Kant, der die Möglichkeit von Vernunft-Erkenntnis auf bloße Gegenstände der Erfahrung eingegrenzt hat, wird das »Unbedingte«, da es in der sinnlichen Erscheinung nicht auftritt, hier auch von Novalis von der menschlichen Erkenntnis ausgeschlossen. Obwohl der Autor in späteren Fragmenten die Lösung der menschlichen Erkenntniskräfte von sinnlicher Beschränkung postuliert und dafür sogar Wege entwirft, ist das Eingangsportal in die Sammlung *Blüthenstaub* noch ganz »kantisch« gehalten. In der Polarität von Geist und Welt, von unbedingtem Anspruch und ding-orientierter Erfahrung, erlebt sich der Mensch in einem Spannungsfeld. Gerne arbeitet Novalis mit Paradoxien, etwa wenn er schreibt:

»Das Höchste ist das Verständlichste – das Nächste, das Unentbehrlichste. Nur durch Unbekanntschaft mit uns selbst – Entwöhnung von uns selbst entsteht hier eine Unbegreiflichkeit, die selbst unbegreiflich ist.«

Dieser Aphorismus aus den »Vermischten Bemerkungen« wurde in der Veröffentlichung als Fragment Nr. 11 auf den ersten Satz reduziert. Die scheinbar widersinnige Definition des Höchsten als etwas, das dem Verständnis des Menschen durchaus nahe steht, ja von ihm nicht entbehrt werden kann, zeigt Novalis' Verfahren der Verrätselung nach dem bekannten Motto »Die Welt muß romantisiert werden«.[88] Der Leser wird genötigt, sich aus der Trägheit und Starrheit des gewöhnlichen Denkens zu lösen. Der rational orientierte Alltagsmensch, den Novalis gerne und epochentypisch als »Philister« tituliert,[89] muss seine Neigung nach einem Denken in festen logischen Kategorien und Systemen verlassen. Nur das verlebendigte Denken schafft in selbst gefundener Einsicht den Zugang zu dem hermetischen Sprechen des Novalis.

So gibt es in Novalis' Bildungsansatz kein Wissen ohne Tun. Wir kennen den höheren, den »eigentlichen Menschen« (Fragment Nr. 12) erst, indem wir ihn hervorbringen. In diesem Sinne führen die Aphorismen von Novalis ein vielstimmiges Gespräch über den geistigen Ursprung des Menschen, sein Vermögen und Unvermögen, seine Erscheinungsweise und Lebensführung. Sie schulen den Leser darin, in allen Lebenstatsachen Materialien zu sehen, mittels derer sich das Ich schöpferisch gestalten und den Kreis seines Lebens unendlich erweitern kann. »Alle Zufälle unseres Lebens«, so behauptet

---

86 Gerhard Neumann (Hrsg.): Der Aphorismus. Darmstadt 1976, Einleitung S. 11.
87 Mähl/Samuel (Hrsg.), a. a. O., Bd. 2, S. 227.
88 Aus den Vorarbeiten 1798. In: Mähl/Samuel (Hrsg.), a. a. O., Bd. 2, S. 334.
89 In Abgrenzung zum verworrenen Menschen, der sich durch einen »Überfluß an Kraft und Vermögen« auszeichnet, spottet Novalis: »[…] Daher ist der Verworrene so progressiv, so perfektibel, dahingegen der Ordentliche so früh als Philister aufhört«. Er kann durch »Selbstbearbeitung« zur »himmlischen Durchsichtigkeit«, ja zur »Selbsterleuchtung« kommen, die »der Geordnete so selten erreicht« (Fragment 54).

Fragment Nr. 65 keck, »sind Materialien, aus denen wir machen können, was wir wollen. Wer viel Geist hat, macht viel aus seinem Leben [...].« Das Lesen in der großen »Chiffernschrift« der Natur – also »auf Flügeln, Eierschalen, in Wolken, im Schnee, in Kristallen und Steinbildungen, auf gefrierenden Wassern« oder auf »gestrichenen Scheiben von Glas und Pech«, wie es das Romanfragment der *Lehrlinge zu Sais* (1798) als Leitmetapher durchzieht – findet seine Entsprechung in dem Versuch des Fragment-Dichters, »(a)lles, was wir erfahren« als eine Mitteilung zu lesen, d. h. als »Offenbarung des Geistes«.[90] Letztendlich liegt auch Novalis' Aphoristik die Utopie einer neuen »paradiesischen« Erkenntnis zugrunde, wie er sie in dem geschichtsphilosophischen Essay »Die Christenheit oder Europa« von 1799 entwirft. Reformation und Aufklärung, die hier als »moderne Denkungsart« wegen ihrer religionskritischen Tendenz und als schnöde Verfallszeit einem glanzvollen Mittelalterbild gegenübergestellt werden, sie sind nach Novalis nur ein Durchgangsstadium bis zur »Wiederkehr des goldenen Zeitalters«. Wenn es im *Blüthenstaub*-Fragment Nr. 97 heißt »Wo Kinder sind, da ist ein goldenes Zeitalter«, dann wird das zu erringende neue Erkennen mit den Kindheitskräften in Verbindung gebracht, etwa mit Naivität, Einfachheit, Spontaneität und Ursprünglichkeit – Qualitäten, die nach romantischer Anschauung dem Gelehrtenwissen fehlen.

Novalis, ein realitätsferner Träumer?

Mit Recht hat Gerhard Neumann in dem Begriff des »Ideenparadieses«, den Novalis selbst in der riesigen Aphorismen-Sammlung seines »Allgemeinen Brouillons« von 1798/99 verwendet, eine Schlüsselvorstellung für dessen Aphoristik erkannt.[91] Sie ist eine anti-systematische Ordnungsvorstellung, eine Systematik, die im schöpferisch-tätigen, denkenden Umgang mit den Fragmenten erst entsteht. So kann der Aphorismus als eine Konfliktform des Erkennens verstanden werden. Er entsteht auf der Grenze zwischen entgegengesetzten Ordnungen: zwischen System und Nichtsystem, Erleben und Erkennen, Philosophie und Poesie, Geist und Buchstabe. Als moderne Menschen, deren Denken seit dem Zeitalter eines Novalis immer mehr in den Sog einer technischen Kultur geraten ist, sind wir heute geneigt, solche »utopischen« Denkformen als realitätsferne Dichtungen anzusehen. Einer wissenschaftlichen Weltanschauung scheinen sie ganz entgegen zu stehen. Man hüte sich aber vor einem voreiligen Urteil. Schließlich stammen die untersuchten Texte von einem Autor, in dessen Leben die empirisch-naturwissenschaftliche Erkenntnishaltung immer gleichberechtigt neben seiner dichterischen Tätigkeit stand. So war Novalis ein ausgebildeter Jurist, studierte ab 1797 an der ersten technischen Hochschule der Welt, der berühmten Bergakademie in Freiberg, Mineralogie, Salinistik, Chemie und Bergwerkskunde. Er stellte seine Utopie von der höheren Erkenntnisfähigkeit nicht als realitätsflüchtiger Träumer auf, sondern als wacher Realist, der die gegebene Wirklichkeit anerkannte – aber sie zu verändern suchte. Die Spannung zwischen Empirie und Utopie, unter der seine Fragmente stehen, ist Ausdruck eines lebenslangen Bemühens, die Wirklichkeit (etwa die des Menschen und seines Erkennens) dem Ideal anzunähern.

Zusammenfassung und Ausblick

Entgegen der modernen Tendenz, Bildung für ökonomische Zwecke zu vereinnahmen, haben wir uns auf die Suche nach einer kulturellen Bildungsidee gemacht. An den Bildern und Texten von Künstlern und Philosophen wie Albrecht Dürer, Filippo Brunelleschi und Pico della Mirandola wurde deutlich, dass um 1500 in Europa ein Ich-Bewusstsein erwacht. Dahinter leuchtet die Vision auf, der Mensch könne zum Bildhauer und Autor des eigenen Lebens werden. Die Geschichte des Individuums erreicht dann am Ende des 19. Jahrhunderts eine dramatische Zuspitzung. Einerseits führen im anbrechenden Industriezeitalter die Mechanisierung der Fertigungsprozesse und ein reduktionistisches Weltbild dazu, den Menschen als bloßes Produkt von Milieu und Vererbung anzusehen. Der Zeitgeist neigt dazu, das menschliche Ich seiner schöpferischen Dimension zu berauben. Anti-Helden wie Büchners Woyzeck bevölkern die Theaterbühnen. An die Stelle des Glaubens an die menschliche Willensfreiheit tritt die Erfahrung von Unterdrückung und Zwang. Andererseits erreicht der Begriff des Ich unter dem Philosophen Fichte das Gebiet der Philosophie. Das Ich wird von ihm als eine Kraft verstanden, die allein auf sich selbst begründet ist. In diesem Sinne denkt Fichtes Zeitgenosse Novalis das Ich weiter. Er gesteht ihm unendliche Entwicklungsmöglichkeiten zu. Novalis wehrt sich gegen die Tendenz jener Philosophen der Aufklärung, die wie Kant dem Menschen die Möglichkeit, Geistiges zu erfahren, absprechen wollen. Novalis' Fragmente, die am Ende des 18. Jahrhunderts entstehen, können wir als Ausdruck einer neuartigen Gattung verstehen. Sie helfen dem Leser, das »Weltall in uns« zu entdecken und den »geheimnisvollen Weg nach Innen« zu beschreiten. Zugleich tragen sie als philosophisch-poetische Sämereien dazu bei, das eigene Denken zu verflüssigen und damit die innere Selbsttätigkeit zu steigern. Novalis' spiritueller Ich-Begriff ist von Rudolf Steiner 120 Jahre später bei der Begründung der Waldorfpädagogik aufgegriffen und weitergedacht worden.[92] Im Gegensatz dazu kennt die moderne Pädagogik »keinen Begriff des Ich«[93], obwohl sie die Bedürfnisse des Jugendlichen nach individualisiertem Lernen berücksichtigt. Ohne ein Verständnis für das menschliche Ich, so könnte man ein zentrales Defizit der Prüfungsdebatte beschreiben, kann das Entwicklungsziel der »Reife« aber nicht angemessen beschrieben werden.

---

90 Aus den Vorarbeiten 1798. In: Mähl/Samuel (Hrsg.), a. a. O., Bd. 2, S. 383.

91 Gerhard Neumann: Ideenparadiese. Untersuchungen zur Aphoristik von Lichtenberg, Novalis, Friedrich Schlegel und Goethe. München 1976.

92 Jost Schieren: Das Rätsel des menschlichen Ichs. Eine pädagogische Betrachtung. In: Vierteljahrsschrift zur anthroposophischen Arbeit in Deutschland, Johanni 2012, S. 102.

93 Angelika Wiehl: Einführung in die Jugendpädagogik. In: Angelika Wiehl / M. Michael Zech (Hrsg.): Jugendpädagogik in der Waldorfschule. Studienbuch. Kassel 2017, S. 21.

Der bewertende Blick ist eine Einbahnstraße. Aus diesem
Tunnel kann sich der Pädagoge nur befreien, wenn er seine
Wahrnehmung zum Gegenstand des inneren Übens macht.

Nichts ist wirkungsvoller in der Pädagogik als der Blick.
Eine Entdeckungsreise durch die Sinne

Wo beginnt, so könnte man als Lehrer fragen, die pädagogische Tat? Gewöhnlich achten
wir auf das, was wir sagen. Denn dafür ist eine Entscheidung nötig. Viel weniger bewusst
ist uns die Art und Weise, wie wir einander wahrnehmen. Ist denn der Blick überhaupt
schon Pädagogik, die Begegnung der Augen, das Anschauen des anderen? Blicke sind
folgenlos, so nehmen wir zunächst an. Alles andere scheint uns zu überfordern. Dennoch:
Gibt es eine Erfahrung von Angesehen-Werden, die ich persönlich im Lebensrückblick
erinnere? Die Mutter, die abends am Kinderbett sitzt mit einem Blick der liebevollen
Präsenz. Der Vater, der das kindliche Klettern auf den Baum begleitet im Vertrauen: Du
schaffst das! Der verständnislose Blick der Eltern vor dem Chaos, das der pubertierende
Sohn in seinem Zimmer hinterlassen hat. Der ordnende Blick eines Polizisten an der
Kreuzung, wenn die Ampel ausgefallen ist. Der beruhigende Blick des Pistenarztes im
Skigebiet, bevor die 16-jährige Schülerin am Wintersporttag mit dem Hubschrauber
weggeflogen wird. Der verzweifelte Blick von Flüchtlingen vor dem Stacheldraht an der
mazedonischen Grenze. Der milchige Blick des alten Menschen, der vieles er- und überlebt hat, ohne daran zu zerbrechen. – Wir nehmen mehr wahr, wenn wir dem Blick des
anderen bewusst begegnen! Und wir greifen in die Wirklichkeit ein, wenn wir einen
Menschen mit unserem Blick begleiten. Hinter Blicken können sich persönliche Dramen
abspielen. Und manchmal kreuzen sich im Blick die Energien einer ganzen Epoche.

Nelson Mandela und der »Rivonia-Prozess«

Ein eindrucksvolles Beispiel für die Magie des Blickes findet sich in der Autobiografie
von Nelson Mandela »Der lange Weg zur Freiheit«. Zu den markanten Ereignissen der
Lebensgeschichte Mandelas gehört die Wirkung, die seine vierstündige Verteidigungsrede
am 20. April 1964 und der Blickwechsel mit dem Richter am Ende des mehrmonatigen
»Rivonia-Prozesses« in Pretoria, am Sitz des Obersten Gerichts, hervorriefen. Mandela
war damals 46 Jahre alt und studierter Rechtanwalt. Er hatte sich seit den 50er Jahren für
die Rechte der schwarzen Bevölkerungsmehrheit in Südafrika eingesetzt und musste sich
dabei als Führer des ANC auch mit der Frage auseinandersetzen, ob ein Protest ohne das
Mittel der Gewalt nicht ohnmächtig bleibt. Dafür stand er mehrfach vor Gericht. Im Juli
1962 war er erneut verhaftet worden. Seit Mai 1963 erwartete er auf der Gefängnisinsel
Robben Island seinen Prozess zusammen mit zehn anderen Führern des schwarzen Wi-

derstands. Der Staatsanwalt beschuldigte die Angeklagten der Komplizenschaft bei über 200 Sabotageakten. Mandela galt als »Akteur zum Sturz der Regierung«. Der zentrale Vorwurf lautete, die Angeklagten hätten Pläne für einen Guerilla-Krieg entworfen. Es ging also um Hochverrat. Während des mehrmonatigen Prozesses, bei dem 172 Zeugen vernommen wurden, war Mandela monatelang in Einzelhaft. Er hatte 20 kg abgenommen. Um ihn zu erniedrigen, durfte er bei seiner Verteidigungsrede nicht im Anzug vor dem weißen Richter Quartus de Wet auftreten, sondern nur in Khaki-Shorts und in abgenutzten Sandalen. De Wet, Gerichtspräsident in der Provinz Transvaal, saß an diesem 20. April 1964 in wallender roter Robe unter einem hölzernen Baldachin. Im voll besetzten Gerichtssaal befanden sich auch Mandelas zweite Frau Winnie und seine Mutter. Mandelas Verteidigungsrede gilt heute als eine der bedeutendsten Ansprachen des 20. Jahrhunderts. Im Schlussteil dieser mehrstündigen Rede schildert er die furchtbare Ungleichheit zwischen schwarzem und weißem Leben in Südafrika, weil »weiße Vorherrschaft … schwarze Minderwertigkeit« impliziere. Dabei unterstreicht er sein Selbstverständnis als afrikanischer Patriot. Er definiert das Anliegen des ANC als »Kampf für das Recht auf Leben« mit dem Ziel, den Afrikanern Sicherheit und Teilhabe an der Gesellschaft zu ermöglichen. Seine Schlussworte trägt Mandela in großer Stille frei vor, ohne in sein Manuskript zu blicken. Dabei, so betont er in seiner Autobiografie, blickt er dem weißen Richter lange in die Augen. »Mein Leben lang habe ich mich diesem Kampf des afrikanischen Volkes gewidmet. Ich habe gegen weiße Vorherrschaft gekämpft, und ich habe gegen schwarze Vorherrschaft gekämpft. Ich habe das Ideal der Demokratie und der freien Gesellschaft hochgehalten, in der alle Menschen in Harmonie und mit gleichen Möglichkeiten zusammenleben. Es ist ein Ideal, für das ich zu leben und das ich zu erreichen hoffe. Doch wenn es sein soll, so bin ich für dies Ideal auch zu sterben bereit.«[94] Nach diesen Worten ist es im Gerichtssaal zunächst totenstill, während der Angeklagte Platz nimmt. Es ist überliefert, dass sich de Wet bemühte, die Redewirkung abzuschwächen, indem er sofort den nächsten Zeugen aufrief. Die Rede erlangte schnell eine große Publizität. Obwohl der Abdruck von Texten aus Mandelas Hand in Südafrika zu dieser Zeit eigentlich ein Tabu war, wurde sie Wort für Wort in »Rand Daily Mail« abgedruckt. Sogar die Generalversammlung der Vereinten Nationen forderte damals eine Einstellung des Prozesses. Als Richter de Wet sieben Wochen später am 12. Juni 1964 in den Gerichtssaal zurückkehrte, um das Strafmaß zu verkünden – zu Mandelas Erleichterung lebenslange Haft statt das befürchtete Todesurteil –, vermied er jeden Augenkontakt zu dem Angeklagten.

Was spielte sich im Blickkontakt am 20. April ab? Der Kontrast zwischen dem erbärmlichen Auftreten Mandelas und seiner Ausstrahlung muss denkbar groß gewesen sein. Denn Mandela war schon durch seine Herkunft als Führungspersönlichkeit geprägt. Als jüngster Sohn von insgesamt 13 Kindern eines Häuptlings des Thembu-Stammes wurde

---

94 Nelson Mandela: Der lange Weg zur Freiheit. Autographie. Frankfurt a. Main 1994, S. 496.

er 1918 in einem kleinen Dorf in der Transkei südlich der Drakensberge geboren. Sein Charisma beschreibt der Politikwissenschaftler Tom Lodge später mit folgenden Worten: »Seine bedächtige Redensweise, seine tadellosen Manieren, vor allem sein stets gemessenes, würdevolles Auftreten haben ihren Ursprung in der adeligen Herkunft und sind Ausdruck einer angeborenen Autorität, um die Mandela wusste und die ihm später über die langen einsamen Jahre der Gefangenschaft hinweghalfen.«[95] Zu seinen besonderen Stärken gehört die Kraft, andere Menschen in seinem Umfeld nicht kleiner, sondern größer zu machen. So berichtet sein späterer Verteidiger George Bizos, dass ihm Mandela bei einem Besuch auf Robben Island, wo dieser 18 seiner 27 Jahre Gefangenschaft verbrachte, die acht Wachmänner, die ihn fortwährend umgaben, als »Ehrengarde« persönlich vorstellte. Es ist unmittelbar einsichtig, dass Richter de Wet im Blick Mandelas auch eine Wahrnehmung von dessen Wesen hatte – eine Ich-Erfahrung. Mandelas ungewöhnliche Ich-Stärke drückt sich auch darin aus, dass es der als Hitzkopf bekannte Mandela während der Haftzeit lernte, seine Gefühle zu kontrollieren. So studierte er Afrikaans und paukte Rugby-Regeln, um mit seinen weißen Wärtern kommunizieren zu können. In solch kleinen Gesten mag man im Rückblick eine Vorübung zu seinem späteren politischen Wirken sehen. Schon während und besonders nach seiner Freilassung am 11. Februar 1990 setzt er sich zusammen mit dem weißen Präsidenten de Klerk für die Abschaffung der Apartheit ein und wird im Mai 1994 zum ersten schwarzen Staatspräsidenten Südafrikas.

Von der Welterfahrung zur Wesenserkundung: der Ich-Sinn

Im Hören und Sehen eines anderen Menschen, so die Erkenntnis aus dem Ausflug in die Zeitgeschichte, nehmen wir nicht nur auf, was der andere meint, sondern dass *er* es meint. Zumindest, wenn wir diesen Sinn für das Ich des anderen Menschen entwickelt haben.[96] Rudolf Steiner fasst diese Fähigkeit des Menschen innerhalb seiner Sinneslehre in einen eigenen Begriff. Als »Ich-Sinn« wird diese Wahrnehmungsfähigkeit zu den vier oberen Sinnen gezählt, die sich durch ihre Orientierung zum Geistigen auszeichnen. In dieses Feld gehören auch der Hörsinn, der Sprachsinn und der Gedankensinn. Wie das kleine Kind mit dem basalen Tastsinn, der sich über den ganzen Leib erstreckt, die Außenwelt erfährt und dabei überall Erfahrungen mit Grenzen macht, so erfährt der Mensch im späteren Leben mit einer tastenden inneren Geste das Ich des Gegenübers. Diese Ich-Erfahrung stellt sich bei genauerer Beobachtung auch schon dann ein, wenn wir erleben, wie ein Mensch den Raum betritt ohne zu sprechen. Der Ich-Sinn ist immer tätig, wenn wir Menschen sehen, hören oder in anderer Weise wahrnehmen. Da das Ohr nicht so leicht zu täuschen ist wie das Auge, fällt es gewöhnlich leichter, uns zum Wesen des anderen »durchzuhören« als »durchzusehen«. So wurde der mit acht Jahren erblindete Franzose Jacques Lusseyran als jugendliches Mitglied der französischen Résistance im besetzten Frankreich 1940 dafür eingesetzt, neue Mitglieder auf ihre moralische Zuverlässigkeit zu testen. Dabei verwickelte er sie, wie er in seiner Autobiografie »Das wiedergefundene Licht« beschreibt, in Gespräche über Nebensächlichkeiten. Am Klang der Stimme konnte er, obwohl er blind war, ihre Persönlichkeit erkennen, er konnte »Herzen und Gewissen erforschen«[97] – mit Hilfe seines gut entwickelten Ich-Sinns. Blickt man unter dem Aspekt der menschlichen Sinne auf die Kulturgeschichte, so fällt auf, dass in den alten Kulturen das Hören einen besonderen Platz einnahm, während das Sehen und damit die Bedeutung des menschlichen Blicks in den letzten 150 Jahren stärker in den Fokus der europäischen Kultur getreten sind. Dies möchte ich im Folgenden an einigen Symptomen zeigen.

Die Betonung des Hörens in den frühen Kulturen

In den Lebensregeln des altägyptischen Weisen Ptahhotep (2350 v. Chr.) wird der Bewohner des damaligen Alten Reiches dazu aufgerufen, ein »Meister in Hören« zu werden. Nach diesem Text muss der Sohn auf den Vater, der Mann auf den Vorgesetzten und die Gesellschaft auf die sog. Maat hören, auf die große kosmische Ordnung, in die sich auch das Wirken der Pharaonen einzufügen hatte. Alle Tugenden fußen nach ägyptischer Anschauung auf einem richtigen Hören und damit auf der Gabe zu gehorchen. Auch der Pharao an der Spitze der Gesellschaftspyramide verstand sich als ein Hörender, wie die berühmte Chefren-Statue (ca. 2600 v. Chr.) zeigt. Hier umschließt der Horusfalke, der als Erscheinungsform des Sonnengottes galt, das Haupt des in Herrschaftspose sitzenden Theokraten von hinten, sodass der Herrscher ihn nicht sehen, aber hören kann. Im Hören, zum Lauschen gesteigert, gliedert sich auch die Führungselite in die Maat ein. So herrscht der Pharao nach unten, aber er dient nach mythischer Auffassung nach oben. Das Gehör war gleichsam das Instrument, auf dem der Kosmos mit seinen Kräften spielt.

Es liegt auf der Hand, dass alle Kulturen, in denen religiöse Tradition eine große Rolle spielt, die Gabe des Hörens betonen. Joachim Ernst Berendt (1922–2000), Jazz-Papst, Mitbegründer des Südwestfunks und im Alter Vertreter einer Philosophie des Inneren Hörens, fasste einmal zusammen: »Im Juden- und Christentum, im Islam, im Hinduismus und Buddhismus, in Tibet und im Zen, bei den Schamanen in Sibirien, in Afrika, bei Indianern, im polynesischen Raum, bei modernen Weisen und Wissenden: Das Hören auf Stille und Schweigen ist ihnen deshalb wichtig, weil es den Menschen hinführt auf das, was wir ›dann‹ hören. Nicht alle nennen es Gott.«[98] An anderer Stelle nennt Berendt diese in allen Kontinenten und Zeitaltern ausgeprägte Kultur »das Mysterium des Einen Tones«[99] und postuliert die Gleichung »Hören = Sein«.

95 Tom Lodge: Mandela. A Critical Life. Oxford 2007.
96 Albert Soesmann: Die zwölf Sinne. Tore der Seele. Stuttgart 1995, S. 195.
97 Jacques Lusseyran: Das wiedergefundene Licht. Berlin/Wien 1981, S. 165.
98 Joachim Ernst Berendt: Ich höre, also bin ich. In Thomas Vogel (Hrsg.): Über das Hören. Einem Phänomen auf der Spur. Tübingen 1998, S. 84.
99 Ebenda, S. 70.

Auch im mittelalterlichen Mönchtum, das in Europa zu Hochzeiten etwa 40 000 Klöster umfasste, zählten die Tugenden des Schweigens und Hörens zum Fundament jeder geistigen Entwicklung. So heißt es in der »Regula Benedicti«, um 530 n. Chr., vom Vater des abendländischen Mönchtums, Benedikt von Nursia, zu Papier gebracht: »Reden und Lehren kommen dem Meister zu, Schweigen und Hören aber schickt sich für den Schüler«[100] oder konkreter »Wo viel geredet wird, geht es ohne Sünde nicht ab« (Spr 10, 19). Schweigen galt wie Besitzlosigkeit und Enthaltsamkeit als asketische Übung. In vielen Klöstern galt das Schweigegebot im ganzen Klausurbereich mit Ausnahme gesonderter Sprechräume (lat. parlatorium). Vor dem Hintergrund dieser Regel sollte das Wort der Bibel und des Gebetes, das zu den sieben Gebetszeiten regelmäßig an das Ohr der Mönche klang, eine noch tiefere Wirkung entfalten. Hören heißt immer auch: von sich Abstand nehmen. Ohne diese Bereitschaft zur Demut ist nach mönchischer Anschauung kein spiritueller Fortschritt möglich.

Die etymologische Nähe von *hören* und *gehorchen* macht verständlich, dass nur der hörende Mönch in der Lage ist, jenen *Heiligen Gehorsam* zu entwickeln, der in der Klosterregel in doppelter Hinsicht als Grundlage der spirituellen Entwicklung und der sozialen Gemeinschaft eingefordert wird. »Denn der Gehorsam, den man den Oberen leistet, wird Gott erwiesen.«[101]

Auch jenseits der Klostermauern gibt es zur Zeit des Mittelalters einen akustischen Ausdruck von Herrschaft und umgekehrt: den Appell an den hörenden Menschen, weltliche und geistliche Herrschaft als legitim anzuerkennen. So zieht *Gahmuret*, der Vater *Parzivals*, unter dem Klang von hellen Posaunen und Tamburinen in Kanvoleis ein und sie verursachen »solches Getöse, dass die ganze Stadt widerhallte« (Parzival, V. 63,2 ff.). Lautstärke ist damit neben einem großen Gefolge, stattlichen Rossen, prunkvoller Kleidung und Fahnen Teil eines prächtigen Aufzugs, durch den die Rechtmäßigkeit von Herrschaft öffentlich demonstriert wird. Das gilt für den Hornruf von Roland in der Schlacht von Ronceval auf dem Schlachtfeld zur Zeit Karls des Großen ebenso wie für den Ruf der Glocken auf dem Missionsfeld der christlichen Kirchen.[102]

Lauschen in der romantischen Dichtung

Noch in der Epoche der Romantik (ca. 1795 bis 1830), in der die »Nachtseite« der Wirklichkeit neu entdeckt wurde, sind viele Dichter dem Hören und Lauschen tief verbunden. Dies gilt besonders für Clemens Brentano, den lyrischen Klangkünstler unter den romantischen Dichtern. In seinem Märchen »Das Myrtenfräulein« findet sich ein kleines Gedicht, das mit folgender Aufforderung anhebt:

Hörst du wie die Brunnen rauschen,
Hörst du wie die Grille zirpt?

Stille, stille, laß uns lauschen,
Selig, wer in Träumen stirbt.

Ausgehend von der nächtlich klingenden Natur, dem Brunnenrauschen und dem Zirpen der Grillen, fordert das lyrische Ich sein Gegenüber zu einem intensiven Hören auf, das in Vers 3 zum Lauschen gesteigert wird. Das Schlaflied führt den Leser inhaltlich, aber auch durch die Musikalität der trochäischen Vierheber in ein Träumen hinüber, das mit dem Attribut »selig« als Glückszustand bezeichnet wird. Diese euphorische Ankündigung mündet in den folgenden Zeilen, in denen sich der Traum entfaltet, in eine Flugerfahrung. Dem Schläfer »schwingt« der Traum den Flügel, sodass er »an blauer Himmelsdecke/ Sterne [...] wie Blumen pflückt« (V. 9 ff.). In solchen Texten zeigt sich die Nähe der romantischen Lyrik zur Musik. Sie drängen geradezu danach, vertont zu werden. Die Gedichte werden – ähnlich wie Brentanos strukturverwandte Gedichte »Wiegenlied« oder sein »Abendständchen« – zur »Sprachmusik«[103]. Dabei legen die romantischen Dichter Wert auf die Feststellung, dass diese musikalischen Kunstwerke nicht erdacht sind, sondern der beseelten Natur abgelauscht. Joseph von Eichendorff hat diese Fähigkeit, verborgene Schätze sichtbar zu machen, mit der berühmten Metapher der »Wünschelrute« verbunden. Wenn der Dichter, genauer der Sänger, in seiner Dichtung »das Zauberwort« trifft, dann »hebt [die Welt] an zu singen«. Das Gedicht hat demnach seinen Ursprung in der Natur selbst. Wie die Poesie für die Romantiker mit der Musik urverwandt ist, so gibt es eine enge Verwandtschaft zwischen hören und dichten.

Während wir die Fähigkeit haben, das Auge zu schließen, sind wir im Hören der Umwelt ausgeliefert. Wegsehen kann man im Normalfall leicht. Weghören ist auch bei größter Willensanstrengung kaum möglich. »Hören«, so der Germanist und Pfarrer Reiner Unglaub, »ist wesensgemäß nur empfangen, nie ein Zugreifen.«[104] Er stimmt daher dem Naturforscher des 19. Jahrhunderts Lorenz Oken zu, der die Ansicht vertritt: »Das Auge führt den Menschen in die Welt. Durch das Ohr kommt die Welt zum Menschen.« Dies gelingt aber nur, wenn wir die Welt sprechen lassen, wenn wir die Bereitschaft aufbringen, das Hören zum Zuhören zu steigern. Dass diese Tugend in der Moderne schwindet, durchzieht alle kulturkritischen Entwürfe. Anders könnte man sich die Beliebtheit des Märchen-Romans »Momo« von Michael Ende aus dem Jahr 1973 gar nicht erklären. Darin wird ein kleines Mädchen am Rande der Gesellschaft zur Repräsentantin einer

100 Aus dem sechsten Kapitel der Klosterregel des Heiligen Benedikt »Von der Schweigsamkeit«. In: Hans Urs von Balthasar: Die großen Ordensregeln. Einsiedeln 1974, S. 201.

101 Ebenda, S. 200.

102 Horst Wenzel: Die Empfängnis durch das Ohr. Zur multisensorischen Wahrnehmung im Mittelalter. In: Thomas Vogel (Hrsg.), a. a. O., S. 164.

103 Kurt Binneberg: Lyrik der Romantik. Stuttgart 1998, S. 119.

104 Reiner Unglaub: Sprich, damit ich dich seh. In: Thomas Vogel (Hrsg.): Über das Hören, a. a. O., S. 102.

untergehenden Kultur: »Was die kleine Momo konnte wie kein anderer, das war: zuhören. [...] Wirklich zuhören können nur ganz wenige Menschen. Und so wie Momo sich aufs Zuhören verstand, war es ganz und gar einmalig.«[105]

Man ahnt, dass in der Kulturgeschichte der Neuzeit eine Akzentverschiebung im Hinblick auf die menschlichen Sinne stattgefunden hat.

Das Zeitalter der Aufklärung und die Neubewertung des Sehens

Ab wann tritt der Sehsinn, das Auge, stärker in den Vordergrund? Der schwäbische Dichter und Goethefreund Christoph Martin Wieland ruft 1789 in seiner Schrift »Sechs Fragen zur Aufklärung« dazu auf, »vermittelst eines Paars sehender Augen« erkennen zu lernen, worin der Unterschied zwischen Hell und Dunkel, Licht und Finsternis besteht. Die notwenige Erkenntnisarbeit, »Vorstellungen, Begriffe, Urteile und Meinungen« der Menschen so zu durchforsten, dass das Wahre vom Falschen abgesondert und das »Verwickelte entwickelt« wird, verbindet er mit dem optischen Wortfeld von Licht und Finsternis.[106] Nach der Ansicht der Aufklärer dieser Zeit verfinstern Irrtümer und Täuschungen den menschlichen Verstand. Denken lernen heißt in dieser Lesart sehen lernen. Der Dichter, Journalist und Musiker Christian Friedrich Daniel Schubart, der seine scharfe Kritik an der unmenschlichen Fürstenherrschaft seiner Zeit mit jahrelanger Festungshaft in Hohenasperg ab 1777 bezahlen musste, fasst 1788 in einer Situationsbeschreibung über sein Heimatland den Kampf gegen Zensur und Unterdrückung in folgendes Bild: »Deutschland kommt mir vor wie ein großer Palast mit vielen Fenstern, deren Läden verschlossen blieben. Sachsen, Brandenburg, Braunschweig, Hannover öffneten ihre Fensterläden zuerst, die übrigen Provinzen behalten sich zum Teil mit Jalousieläden oder ließen die Läden gar zu, weil glotzige Pfarrer behaupteten, das Sonnenlicht sei den Augen nicht zuträglich. Endlich begann man doch nach und nach überall die Läden zu öffnen und sich des wohltätigen Lichtstrahls zu erfreuen.«[107] Das ganze »lange« 19. Jahrhundert bis zum Ersten Weltkrieg ist davon geprägt, dass sich die bürgerliche Kultur mit ihrer Betonung der Freiheits- und Menschenrechte gegen den Obrigkeitsstaat und die Vorherrschaft der traditionellen Instanzen von Thron und Altar zunächst abgrenzt, dann aufbegehrt und zuletzt sich durchsetzt. Im Laufe dieses Kampfes um Emanzipation werden die Gemütskräfte des Glaubens und der Bindung an Traditionen schwächer, die Kopfkräfte des Verstandes und der Kritik werden stärker. Seit der Französischen Revolution setzt sich in Europa die Einsicht durch, dass die soziale Ordnung nicht als unveränderliche Naturtatsache hingenommen werden muss, sondern dass sie hinterfragt, untersucht, verändert werden kann, das heißt, dass sie verfügbar ist. Da das Denken ganz besonders über das Auge tätig ist, denn der erkennende Mensch möchte die Welt *durchschauen*, geht mit dieser Bewusstseinsentwicklung eine mehr optische Erfassung der Welt einher. Dies möchte ich an der Eigenart der technisch-industriellen Revolution zeigen. Zu ihren besonderen Errungenschaften gehört die Erfindung der Glühbirne durch den Engländer Thomas Alva Edison. Zwischen 1879 und 1882 gelang es ihm, die Brenndauer von Glühbirnen mit Kohlefäden von 14 auf über 1000 Stunden zu vergrößern. Damit löst die Glühbirne in den wachsenden Industriestädten allmählich die Gasbeleuchtung ab, die sich etwa in Paris schon um 1840 durchgesetzt hatte.[108] So wird die Ausleuchtung der Räume in den Städten zu einem Merkmal ihrer Modernität. Die Behörden setzten das Licht als »Ordnungsfaktor« ein. So ließen das preußische Ministerium des Innern und das Polizeipräsidium von Berlin schon 1825 mehr als 1300 Straßenlaternen aufstellen – etwa auf der Promenade *Unter den Linden*. Bis 1849 wurden dann die Brennzeiten von 1300 auf 2400 Stunden im Jahr erhöht. Eine Maßnahme zur Kontrolle des öffentlichen Raumes, die man Jahrzehnte später auch auf die Randbezirke der Städte ausweitete. Durch die Erfindung der Glühbirne beginnt sich der Mensch mehr und mehr aus der jahrtausendealten Einbindung in den Naturrhythmus zu lösen. Indem die Nacht zum Tag gemacht werden kann, wird der Augenmensch zunehmend stärker, der Ohrenmensch schwächer. Mit dem Städtewachstum nehmen aber auch Anonymität und Entfremdung zu. So thematisiert der Dichter Kurt Tucholsky 1932 unter dem Titel »Augen in der Großstadt« die Flüchtigkeit der menschlichen Begegnungen, wenn er schreibt:

Wenn du zur Arbeit gehst
Am frühen Morgen,
wenn du am Bahnhof stehst
mit deinen Sorgen:
da zeigt die Stadt
dir asphaltglatt
im Menschentrichter
Millionen Gesichter:
Zwei fremde Augen, ein kurzer Blick,
die Braue, Pupillen, die Lider –
Was war das? Vielleicht dein Lebensglück …
Vorbei, verweht, nie wieder.

Der Blick kommt bei dem »fremden Andern«, von dem die dritte Strophe spricht, gar nicht mehr an. Statt die Begegnung mit dem anderen Geschlecht im Augen-Blick als erotischen Moment zu gestalten, wie es die Liebeslyrik jahrhundertelang getan hat, führt

105 Michael Ende: Momo oder die seltsame Geschichte von den Zeit-Dieben und von dem Kind, das den Menschen die gestohlene Zeit zurückbrachte. Ein Märchen-Roman. Stuttgart/Wien 1973, S. 15.
106 Christoph Martin Wieland: Sechs Fragen zur Aufklärung (Auszug). In: Peter Mettenleiter, Stephan Knöbl (Hrsg.): Blickfeld Deutsch Oberstufe, Paderborn 1991, S. 151.
107 Mettenleiter, Knöbl (Hrsg.), a. a. O., S. 149.
108 1835 zählte man in Paris 203 Lichter, 1839 waren es bereits 12816 in 6273 Laternen. Näheres dazu in Joachim Schlör: Nachts in der großen Stadt. Paris, Berlin, London 1840 bis 1930. München 1994, S. 61.

die Stadt als mechanischer »Menschentrichter« die Gesichter temporeich und beziehungslos aneinander vorbei. Der »kurze Blick« ist nicht mehr als ein leeres Registrieren. Statt Du-Begegnung beherrscht das Thema des Ich-Zerfalls die Literatur seit der Jahrhundertwende, etwa in dem Großstadtroman »Berlin Alexanderplatz« von Alfred Döblin, dessen Titelheld, der haftentlassene Transportarbeiter Franz Biberkopf, der »Hure« Berlin ohnmächtig ausgeliefert ist.

Die Automatisierung erreicht Sinne und Seele

In der Massengesellschaft des 20. Jahrhunderts bringt der Vormarsch der Technik die Gefahr mit sich, dass sich das menschliche Ich aus der Sinnestätigkeit, die es mit der Welt verbinden möchte, immer mehr zurückzieht. Denn die Automatisierung in der Massenfabrikation, wie wir sie als Fließbandarbeit bei der Produktion des legendären Modells »Thin Lizzy« bei Ford 1913 kennen, sie wiederholt sich gewissermaßen auf der Ebene der menschlichen Gliedmaßen- und Seelentätigkeit. So automatisierte die Erfindung des Automobils ab 1910 die Fähigkeit des Menschen sich fortzubewegen. Die Erfindung des Fernsehens, das ab 1950 in Deutschland zum Massenmedium wurde, automatisierte die Fähigkeit der menschlichen Seele, sich Bilder zu erschaffen. Und die Erfindung des Internets und der digitalen Medien um 1990 automatisiert das menschliche Denken. Bis in die Sprache neigen wir heute dazu, innere Prozesse in technische Metaphern zu kleiden. Etwas zu vergessen heißt dann, man habe die »Festplatte gelöscht.« Der Vorgang des Lernens wird mit dem Begriff »abspeichern« gleichgesetzt. Der Schriftsteller Peter Härtling steht dem »Zeitalter der Bilder«, das mit dem Siegeszug der Fotografie zu Beginn des 20. Jahrhunderts begonnen hat, skeptisch gegenüber, wenn er es als eine Epoche »fixer Eindrücke, platter Einsichten und vermeintlicher Weitsicht« bezeichnet. Denn »das Bild ist schon gemacht, wir brauchen uns keines zu machen«[109]. In der Gegenwart nimmt die Gefahr zu, dass sich der Mensch aus der Tätigkeit seiner Sinne und der Produktivität seiner Phantasie zurückzieht und dabei große Einbußen in der Lebendigkeit und Farbigkeit des Hörens, des Sehens und Schmeckens, aber auch in der Empfänglichkeit des Ich-Sinnes und in der Reife seines Urteilsvermögens macht. Ist der Sehsinn zum machtlosen Harlekin geworden, der am Hof des Königs nichts mehr ausrichtet?

Gerade für die Pädagogik ergeben sich vor diesem Hintergrund ganz neue Aufgabenstellungen. Zu diesen Aufgaben gehört eine neue Kultur der Wahrnehmung, eine innere Erneuerung des pädagogischen Blicks.

Wie mächtig ist unser Blick?

Auch in der Pädagogik gibt es die Gefahr des »Automatengeistigen«. Mit der Einführung des Notenwesens im 19. Jahrhundert nahm die Notwendigkeit an den Schulen zu, das Leistungsvermögen eines Absolventen durch vorgegebene Prädikate festzustellen. Diese Prädikate lauteten 1856 in Preußen: »Vorzüglich – Gut – Befriedigend – Nicht

Abb. 10 *Der bewertende Blick – Gewohnheitsrecht für Lehrer?*

befriedigend.«[110] Mit der Festlegung solcher vorgegebener Normen stieg die Gefahr, dass der bewertende Blick zum Habitus des Schulpädagogen wurde, also zu einer Gewohnheit im Denken, Fühlen und Handeln. Diese Entwicklung vollzog sich mit Macht, obwohl sich der bewertende und damit abschätzige Blick in psychologischer Hinsicht als kränkend herausstellte. Denn er degradiert den Menschen zum Objekt einer Qualitätsprüfung. Mit dieser negativen Energie kann der Pädagoge Beziehung verhindern oder beenden. Die Polarität zwischen der Macht von Prüfern, die die Bewertung als Waffe einsetzen, um das jugendliche Gegenüber zu beschämen, und der Ohnmacht von Prüflingen, die mit Schmerzen und einem Gefühl der Entwertung auf den Vorgang reagieren, gehört zum festen Inventar jeder Schulsatire.

Aus dieser Einbahnstraße wird sich ein Pädagoge nur befreien können, wenn er die Qualität seines Wahrnehmens nicht der Gewohnheit überlässt, sondern zum Gegenstand des inneren Übens macht.

Rudolf Steiner hat bei der Gründung der Waldorfschule 1919 die Vision formuliert, eine »zukünftige Pädagogik« zu schaffen. Damit ist eine innere Aufgabe verbunden. Der erste Lehrer, der bloß aus mitgebrachten Begabungen und Gewohnheiten lebt, muss überwun-

109 Peter Härtling: Zeit der Bilder (1984). In: Abitur 1996. Prüfungsaufgaben mit Lösungen 1987–1995. Deutsch Leistungskurs Gymnasium Baden-Württemberg. Freising 1995 (Stark-Verlag), S. 91/16 f.

110 Rainer Bölling: Kleine Geschichte des Abiturs. Paderborn 2010, S. 39.

den werden. Der zweite Lehrer muss geboren werden durch Üben.[111] In Bezug auf die Aufgabe der Bewertung gilt dabei folgender Grundsatz: Man kann eine Sache nur beurteilen, wenn man sie zunächst liebevoll wahrnimmt, ohne sie zu beurteilen! Voraussetzung dafür ist Achtsamkeit und die Bereitschaft, eine Beziehungspädagogik ins Zentrum zu stellen. Verknüpfe ich den Vorgang des Messens in der Pädagogik mit einem Abbruch meiner Beziehung zum Schüler, so riskiere ich einen Vertrauensverlust![112]

Es geht also um einen wertschätzenden, wohlwollend wahrnehmenden Blick. Was bedeutet es, sich im Blick des anderen Menschen zu spiegeln? Die anderen Augen, die uns sehen wollen, helfen uns, wir selbst zu sein. Der erfahrene Waldorfpädagoge Johannes Greiner rät: »Wir müssen lernen, auf unseren Blick zu achten. Unser Blick ist mächtig. Wir schaffen mit ihm an den anderen Menschen mit. Wir können andere in der Entfaltung hindern, wir können sie auch beflügeln und bestärken.«[113] Greiner empfiehlt, im Konfliktfall mit einem Jugendlichen zu einer Situation zurückgehen, wo wir ihn zuletzt wirklich gesehen haben. Das muss kein großer sozialer Auftritt sein, wie bei einer Theateraufführung. Es kann eine Begrüßungsszene sein, wo der Blick vielleicht etwas länger als sonst auf dem Gegenüber ruhte. Knüpfe ich an die lichte Gestalt in einer Person an, so rufe ich sie zu ihrem Urbild zurück. Von solchen kleinen inneren Handlungen können große Wirkungen ausgehen. Dies veranschaulicht Greiner an einem mythologischen Bild.

In der griechischen Mythologie gibt es die Imagination des Ariadnefadens. Theseus, der Königssohn aus Athen, kann aus dem Irrgarten des Labyrinths auf der Insel Kreta nur herausfinden und dadurch die Begegnung mit dem Ungeheuer Minotaurus überstehen, weil Ariadne, die Tochter des kretischen Königs Minos, ihm ein Fadenknäuel gegeben hat. Durch den Faden bleibt Theseus mit ihr verbunden. Ariadne hält die Verbindung zu ihm und sie glaubt an seinen Sieg. Der pädagogische Blick ist nach Greiner ein solch magischer Faden. Mit ihm können wir die Verbindung zu dem Heranwachsenden halten, auch wenn dieser im Irrgarten seiner Biografie verschwindet. Der Faden scheint leicht zu zerreißen. Wie unser Blick ist er verletzlich und unscheinbar. Und doch hat er eine Kraft, die uns erst in der Zukunft ganz bewusst wird.

Der bloße Blick zwischen zwei einander fremden Menschen kann zu einem spektakulären Ereignis werden. Dies hat die serbische Performance-Künstlerin Marina Abramovic 2011 gezeigt. Innerhalb einer Retrospektive, die das Museum of Modern Art (MoMA) im New Yorker Stadtteil Manhattan dem Schaffen der bekannten Aktionskünstlerin widmete, gab sie den Museumsbesuchern drei Monate lang die Gelegenheit, ihr innerhalb einer abgegrenzten Bodenfläche einzeln gegenüberzusitzen und einen stillen Augenkontakt aufzubauen. »The artist is present«, lautete der Titel der Gesamtschau, die etwa eine halbe Millionen Besucher anzog. Das Schwierigste ist es, so die Künstlerin später, etwas zu tun, das dem Nichts nahe kommt.[114] In einem Interview, das Bryce Renninger mit der Künstlerin und dem Regisseur des gleichnamigen Films, Matthew Akers, führte, kommentiert

Abb. 11
*Die Verbindung halten, auch wenn
sich der Jugendliche im Irrgarten
seiner Biografie verliert*

Abramovic ihre Erfahrung, Augenkontakt mit einer völlig fremden Person zu haben. Ein Mann saß ihr 21 Mal in unterschiedlicher zeitlicher Länge gegenüber. Er kam immer wieder und wurde zu einer Art Schutzengel. »Ich lernte die Person also auf einer sehr intensiven Ebene kennen, und ich habe den Eindruck, dass diese Beziehung intimer ist als die zu meiner Familie, denn ich hatte ja Augenkontakt mit einer mir völlig fremden Person [...]. Das völlige Fehlen einer Story – das war das Beste an der ganzen Sache, denn man weiß, dass nichts passieren wird und alles passieren wird. Alles liegt in dem Blick. Man schafft sich seine eigene Zone.« Durch die Hingabe, mit der wir schauen, können wir einen Menschen beflügeln, aber auch fesseln. In der Pflege dieser uralten Kultur des wertschätzenden Blickes lässt sich etwas von der Kraft des Sehens zurückgewinnen, die uns in den letzten 230 Jahren immer mehr verloren gegangen ist.

111 Christof Wiechert, damals Leiter der Pädagogischen Sektion am Goetheanum in Dornach, hat das einmal in die Worte gefasst: »Zum Lehrerberuf gehört aber die Erkenntnis: Ich kann nur lehren, wenn ich lerne, mich selbst zu verwandeln.« Aus: Christof Wiechert: Quellen der Erziehungskunst. In: EK November 2003.

112 Henning Köhler hat in einer Kolumne über »Dankbarkeit« den Lehrern folgende Warnung zugerufen: »Jede herablassende Bemerkung, jede lieblose Beurteilung hinter verschlossenen Türen ist ein Vertrauensbruch.« Näheres siehe EK September 2011.

113 Johannes Greiner: Die wichtigsten Lehrer sind die Schüler. Über die Bedeutung des pädagogischen Blicks. In: EK Juli/August 2015, S. 10.

114 Dieses und das folgende Zitat sind dem Begleitheft zum Film von Matthew Akers »Marina Abramovic. The artist is present«, Berlin 2013, entnommen.

Wir sind, wenn wir gute Pädagogen sind,
Bewahrer eines Rätsels. (Jost Schieren)

In der Pädagogik mit dem »Ich« rechnen – eine Aufgabe

Am 24. März 2005 wurde in der Mainuferanlage in Frankfurt ein Denkmal eröffnet, das Anlass zum Grübeln bietet. Der Erfinder Hans Traxler hat es »Ich-Denkmal« genannt. Er will damit in einer Welt, die die Würde des Menschen häufig mit Füßen tritt, darauf aufmerksam machen: Jeder Mensch ist einzigartig. Das Verblüffende: Das Denkmal besteht nur aus einem gut einen Meter hohen Sockel, der auf der Rückseite über eine dreistufige Treppe bestiegen werden kann. Vorübergehende Besucher werden angeregt, den Sockel zu besteigen und sich in verschiedenen Posituren fotografieren zu lassen. Nur komische Kunst oder ein einfallsreicher Beitrag zur Philosophiegeschichte?

Zehn Jahre vorher verschreckt ein Philosoph die Leser einer großen Wochenzeitung mit einer Nachricht, die zu Traxlers originellem Schaustück in einem düsteren Spannungsverhältnis steht: »Das Ich ist eine Illusion«. Der damals 37-jährige Philosoph Thomas Metzinger, Dozent für Philosophie und Wissenschaftstheorie in Gießen, begründet seine apodiktische These folgendermaßen: »Genau genommen gibt es das Ich nicht. Es ist eine Illusion – und zwar die beste, die Mutter Natur je erfunden hat. Das Gehirn erzeugt sie, um sich besser in der Welt orientieren zu können. Wenn man ein gutes inneres Bild davon hat, wer man ist, woher man kommt und wohin man geht, dann ist es einfach viel leichter, auf Reize zu reagieren, Pläne zu schmieden oder schwierige Entscheidungen zu treffen. Evolutionär war es also nur sinnvoll für den Organismus Mensch, ein solches Werkzeug zu entwickeln. Aber es gibt keinen inneren Kern, keine unsterbliche Substanz, die all dem zugrunde lägen.«[115]

Dieser negative Befund ergibt sich vor allem, so scheint es, seit die Philosophie die Ergebnisse der Neurowissenschaften aufnahm und diskutierte. Auch der viel gelesene Richard David Precht wirft die Frage nach der Existenz des Ich auf und spielt durch, was es bedeuten würde, ihm seine Existenz abzuerkennen: »Stimmt das? Ist das Ich eine Illusion? Ist das, was jeder normale Mensch zu sein glaubt, nur ein betrügerischer Hokuspokus im Gehirn? Haben sich die Philosophen des Abendlandes zweitausend Jahre etwas vorgemacht, als sie mit größter Selbstverständlichkeit von einem Ich ausgingen, das sich mehr oder weniger erfolgreich mit den Dingen der Welt herumschlägt? Ist unser Ich etwa nicht das Oberstübchen, mit dem all meine geistigen, emotionalen und willentlichen Akte ein und ausgehen? Die Trutzburg, die alles Auf und Ab des Lebens überdauert?«[116] Muss man also dem Ich ein Denkmal setzen oder kann man es als Humbug ignorieren?

Abb. 12
Das menschliche Ich – eine Illusion?

Das Ich in der kindlichen Entwicklung – Annäherungsversuche

Gegenüber solchen Spekulationen hat es die Pädagogik leichter. Das Bedürfnis von Heranwachsenden, als Ich-Wesen mit eigener Lebensgeschichte, einer wachsenden Schuhgröße und einer individuellen, wenn auch oft krakeligen Handschrift wahrgenommen und respektiert zu werden, ist eindeutig. Gerade Jugendliche, die beständig im Umbruch sind, brauchen eine Erfahrung von Kontinuität im Wandel der Ereignisse und sehnen sich nach einem »Ort der Ruhe«, wie es das Ich darstellt, inmitten der Unsicherheit ihres schon komplexen Lebens.[117] Bevor uns die Frage nach einer Ich-Pädagogik interessieren soll, möchte ich umreißen, was im Sinne der Waldorfpädagogik als das menschliche Ich verstanden werden kann.

Die frühesten Anzeichen eines Ich-Impulses zeigen sich schon, bevor der Mensch im Kleinkindalter »ich« zu sich sagt. Indem das kleine Kind sich mit ganzer Willenskraft gegen die Schwerkraft behauptet und sich aufrichtet, zeigt es in der Überwindung der Schwere einen Impuls aus dem keimhaft vorhandenen Ich.[118] Ich und Wille, das ist unsere Urerfahrung, sind identisch. Auch der Ich-Sinn, den Steiner innerhalb seiner Sinneslehre neben dem Hören, dem Sprachsinn und dem Denksinn zu den »oberen Sinnen« zählt, ist bereits in diesem frühen Lebensalter aktiv. Er zeigt sich schon mit etwa sechs Monaten in der frühkindlichen Geste des Fremdelns. Das Kind erlebt hinter dem Blick, hinter der Körpersprache und den Worten seines Gegenübers das Wesen dessen, der da

115   Hubertus Breuer: Das Ich ist eine Illusion. In: Die ZEIT Nr. 50 vom 8. 12. 1995, S. 46.
116   Richard David Precht: Wer bin ich und wenn ja, wie viele? München 2007, S. 65.
117   Beide Begriffe finden sich unter dem Aspekt »Halt finden im Wandel« in dem anregenden Buch von Natalie Knapp: Kompass neues Denken. Wie wir uns in einer unübersichtlichen Welt orientieren können. Hamburg 2013, S. 213 ff.
118   Stefan Leber: Kommentar zu Rudolf Steiners Vorträgen über die Allgemeine Menschenkunde als Grundlage der Pädagogik. Band III. Der leibliche Gesichtspunkt. Stuttgart 2002, S. 437.

schaut, der sich bewegt und spricht. Ab jetzt unterscheidet das Baby Menschen, die es kennt, von solchen, die ihm fremd sind. Dieser Ich-Sinn ist nicht, wie Rudolf Steiner betont, »der Sinn für das eigene Ich, sondern für die Wahrnehmung des Ichs im andern …«[119] Das Organ dieses Ich-Sinns ist nicht an einer Stelle des Körpers zentriert, wie etwa Auge und Ohr, sondern als feine »Substantialität über den ganzen Menschen ausgebreitet.«[120] Der kindliche Ich-Sinn ist also schon in frühester Kindheit tätig. Können wir daher schon von einem entwickelten Ich sprechen? Wohl kaum. Denn eine Besonderheit zeichnet das Ich in der Kleinkindzeit aus. Das kindliche Ich ist wie in der Umgebung verstreut, es ist mehr draußen als drinnen und deshalb viel feinmaschiger mit allem verbunden, was es um sich wahrnimmt an Farben, Tönen oder Stimmungen. Man kann deshalb von einem »sphärischen Ich des kleinen Kindes«[121] sprechen. Weil sich das kleine Kind in seinem Ich noch kaum abgrenzen kann, kann eine schwach lasierte Farbe an der Wand stärker wirken als man annehmen würde. Eine laute Stimme oder die grob zugeschlagene Tür erschüttern es viel tiefer, als dies bei älteren Menschen im selben Raum der Fall ist. Die pädagogische Aufgabe in den ersten Lebensjahren besteht nun darin, dem Ich des Heranwachsenden darin zu helfen, den Leib, der in dieser Zeit noch ein großes Sinnesorgan darstellt, Schritt für Schritt zu durchdringen und zu ergreifen. Dabei wird im Zuge der Nachahmung alles, was eben noch wahrgenommen wurde, Tat. Gehen, Sprechen und Denken entwickeln sich in einem feinen Wechselspiel zwischen dem Ich des Kindes, seinem Leib und der Umgebung. Dass ein kleines Kind noch ganz mit und in der Peripherie lebt, zeigt folgende Bemerkung eines Fünftklässlers beim Blick auf eine Landschaft: »Für einen Riesen ist doch der Fluss klein, oder? – Wie groß wäre für einen Riesen das Haus? – Was wäre für einen Riesen wirklich groß?«[122] Das Denken erscheint in dieser kleinen Fragenkette noch ganz bildhaft. Der äußere Natureindruck eines Flusses wird mit regsamer Mimik und Gestik aufgenommen und mit den Kräften der Phantasie weiterbearbeitet und verwandelt. Bei aller Intensität der Frage bleibt es ein Umkreis-Erlebnis. Im Laufe der Schulzeit verwandelt sich diese zauberhafte Hingabe-Fähigkeit in die Kraft eines Oberstufenschülers, einen Gedanken auf den Punkt zu bringen – und zwar in innerer Klarheit und losgelöst von äußerer Anschauung: «Um zu verdeutlichen, wie Camus in seinem Stück ›Die Gerechten‹ zu dem Problem der Gewaltanwendung Stellung bezieht, möchten wir unsere Rollen hier in ihrer jeweiligen Hauptaussage einmal darstellen.« Aus dem Umkreis-Erleben ist eine Art Bewusstseins-Punkt geworden. Der Wille des Jugendlichen ist nicht mehr außen tätig, sondern innerlich im Führen der Gedanken. Es handelt sich hier um eine Umstülpung. Diese Geste findet sich auf allen Ebenen der menschlichen Entwicklung vom Kind zum Jugendalter. Aus der äußeren Bewegung sich aufzurichten wird die innere Haltung der Aufrichtigkeit. Aus dem äußeren Ergreifen von Gegenständen oder Materialien wird das Begreifen von Vorstellungen und Ideen. Auch diese geistigen Gegenstände lassen sich von dem inneren Auge abtasten, lassen sich wenden und von verschiedenen Perspektiven aus betrachten. Unsere Sprache, die voller vergilbter Metaphern ist, führt uns allein durch den Sprachgeist zu dieser Metamorphose. Wo sich das kleine Kind in den Boden gräbt, ergründet der Jugendliche ein Problem oder er geht einer Frage auf den Grund. Die pädagogische Erkenntnis besteht darin, dass in den ersten Lebensjahren die leiblichen Grundlagen für die späteren Bewusstseinsprozesse gelegt werden. In der Sprache der Sinneslehre heißt das: Die vier Willens- oder Basalsinne (Tastsinn, Lebenssinn, Bewegungssinn und Gleichgewichtssinn) stehen in einem Entwicklungszusammenhang mit den oberen Sinnen, den Erkenntnissinnen, die oben bereits genannt wurden. Am Ich-Sinn soll diese Tatsache erläutert werden. Er steht als letzter Sinn innerhalb der Zwölfheit mit dem Tastsinn als dem ersten Sinn in enger Beziehung. Der Tastsinn ist in Form von Tastkörperchen bzw. Oberflächensensoren sowie von Nervenenden über unsere gesamte Haut ausgebreitet. Er nimmt unmittelbar Berührungen, Kälte, Wärme oder Verletzungen wahr. Bei genauerer Betrachtung geraten wir durch den Tastsinn nicht in die Welt, »sondern der Welt gegenüber, wir ummauern uns selbst.«[123] Durch diese Eigenschaft vermittelt der Tastsinn das Selbsterleben an der Körpergrenze durch Berührung. Er vermittelt bei gesunder Entwicklung das Gefühl der Geborgenheit und des Existenzvertrauens durch Körperkontakt. Der Tastsinn nimmt aber auch eine »innere, eigene Ich-Aktivität« wahr.[124]

Der Ich-Sinn als Organ zur Gesamtwahrnehmung der Kraftgestalt des anderen kann sich nur ausbilden, wenn seit früher Kindheit die Anwendung des Tastsinns gepflegt wurde. Dazu gehört auch ein frühes Ertasten und Erleben einer liebevollen Bezugsperson oder die Erfahrung einer Begegnungs- und Besuchskultur. Ebenso markant erscheint der Zusammenhang zwischen dem »Lebenssinn«, durch den uns Empfindungen eines Wohl- und Unwohlseins, von Krankheit und Gesundheit vermittelt werden, und dem Gedankensinn. Dieser macht ein unmittelbares Erfassen des Sinns eines Gedankenzusammenhangs möglich. Wie der Lebenssinn durch einen rhythmischen Tagesablauf gepflegt werden kann, aber auch durch die Erfahrung herzhafter Kontraste wie Wärme und Kälte, Bewegung und Ruhe oder von stimmigen Ordnungen – so wird der Gedankensinn gefördert, wenn im Umkreis der Kinder und Jugendlichen auf Wahrhaftigkeit und »Stimmigkeit« geachtet wird. Verworrenes und unkoordiniertes Denken schädigt den Gedankensinn. Welche Wohltat ist es in diesem Sinne, wenn Oberstufenklassen Jahreszeiten und Jahresfesten noch altersgemäß begegnen dürfen. Wenn Jugendliche erleben, dass Urbilder, wie der Kampf Michaels mit dem Drachen, als Imagination zum Herbstbeginn Ende September nicht einfach beiseitegelegt, sondern mit neuem Leben erfüllt werden. Auch sie wollen in künstlerisch gegriffenen Wahrbildern noch Gelegenheit erhalten, dem jeweiligen Zeitgeist zu begegnen und ihre inneren Aufgaben erkennen zu können.

119 Rudolf Steiner: Die 12 Sinne des Menschen. Aus: Weltwesen und Ichheit. Dritter Vortrag vom 20. Juni 1916, Berlin 1916, GA 169.

120 Stefan Leber, a. a. O., S. 155.

121 Fabrizio Venturini: Das sphärische Ich des kleinen Kindes. In: EK April 2015.

122 Claus-Peter Röh: Der Weg der Ich-Aktivität vom Leben im Sinnesorganismus zur Bewusstheit im Denken. Rundbrief der Pädagogischen Sektion Nr. 43, Weihnachten 2011, S. 18 f. Darin findet sich auch das spätere Schülerzitat.

123 Albert Soesmann: Die zwölf Sinne. Tore der Seele. Stuttgart 1995, S. 199.

124 Claus-Peter Röh, a. a. O., S. 20.

Pädagogische Aufgaben zwischen Sinnespflege und Ich-Erweckung

Wer mit dem »Ich« seiner Schüler rechnet, wird die Aufmerksamkeit in der Vorbereitung nicht nur beim Stoff haben. Die Sinnespflege kann von diesem Bereich nicht getrennt werden. Eine Frage in der Vorbereitung einer Unterrichtsstunde könnte lauten: Wie begegne ich morgen den Schülern? Was sagt meine Haltung, meine Kleidung, meine Mimik oder mein Tafelanschrieb aus? Welche Sinnesfunktionen stimuliere ich durch die Art, wie ich auftrete, gestikuliere, spreche, Pausen mache, Fragen stelle, zu Tätigkeiten anrege, für Gewohnheitsbildungen in der Klasse sorge oder auch das Klassenzimmer selbst einrichte?[125] Man hüte sich vor der Auffassung, diese Fragestellungen seien nur in der Unter- und Mittelstufe angebracht. Allerdings treten in der Oberstufe andere Fähigkeiten und Gestaltungselemente in den Vordergrund. Welche Kräfte erwärmen den Heranwachsenden ab dem 14. oder 15. Lebensjahr? Welche regen ihn an oder richten ihn auf? Es sind dies zielorientierte Ideen und Interessen, die ihn innerlich motivieren, aufrichten oder gar befeuern. Der Waldorflehrplan berücksichtigt diese Tatsache, indem er gerade für die 9. Klasse idealistische Lebensentwürfe thematisiert, wie sie im Deutschunterricht in Form der Klassiker Schiller und Goethe oder im Geschichtsunterricht in Gestalt jener Revolutionäre auftreten, die seit der Französischen Revolution die Umgestaltung der Verhältnisse unter dem Banner von Freiheit, Gleichheit und Brüderlichkeit anstrebten. Um eine unangebrachte Heldenverehrung zu vermeiden, sollten allerdings auch die Schattenkräfte des Idealischen thematisiert werden. Gerade die dunklen Seiten eines gut gemeinten Lebensentwurfs erregen die jugendliche Anteilnahme, wie etwa eine Bearbeitung der Rolle des Grafensohnes Karl Moor in Schillers Jugenddrama »Die Räuber« zeigen kann.

Ein anderer Aspekt beim Umgang mit dem menschlichen Ich betrifft seine Rätselhaftigkeit. In Philosophie, Psychologie und Rechtsgeschichte hat das Ich viele Namen, darunter Individuum, Person, Persönlichkeit, Selbst, Kern-Selbst, Über-Ich, höheres Ich und niederes Ich, Subjekt oder Individualität. Damit entzieht es sich einer eindeutigen Ansprache. Manche dieser Ausdrücke betonen diese Hintergründigkeit zusätzlich, wie das Wort Person. *Persona* ist im Lateinischen die Maske oder Rolle. *Personare* heißt durchtönen. Der Ausdruck Person weist somit darauf hin, dass ein menschliches Individuum ein Gesicht hat oder – um im Bild zu bleiben – eine Maske trägt, die es nach außen zeigt. Hinter der Persönlichkeit, die die Außenwelt wahrnimmt, steht aber ein Wesen, das mehr im Inneren lebt und seinen Anspruch auf Autonomie und Unabhängigkeit geltend macht. Dieser menschliche Wesenskern ist nicht nur »unantastbar«, wie es im Grundgesetz über die menschliche Würde heißt, sondern in gewissem Sinne auch unergründbar. Unausgesprochen erwarten die Schüler von uns Pädagogen, dass wir diese geheimnisvolle Signatur in der Art unseres Verhaltens und Sprechens wahren. So betont der Waldorfpädagoge Jost Schieren: »Wir sind, wenn wir gute Pädagogen sind, Bewahrer dieses Rätsels. Wir geben unseren Schülern das zuversichtliche Gefühl dafür und den Glauben daran, dass jeder von ihnen ein solches Rätsel in sich trägt und dass das menschliche Leben darin besteht, dieses Rätsel, auch wenn wir es nicht lösen können, wertzuschätzen.«[126] Auch wenn es bei dieser Tatsache um eine intime Seite der menschlichen Biografie geht, so hat sie in der Entwicklung von Jugendlichen doch höchstes Gewicht. Kann der junge Mensch den Zauber seiner eigenen Individualität erahnen oder glaubt er, das Rätsel des eigenen Ich schon gelöst zu haben? In diesem Sinne spielt es eine große Rolle, ob Jugendliche im Laufe ihrer Schulzeit immer wieder mit Biografien konfrontiert werden, die den Blick auf die Unergründlichkeit des eigenen Ichs öffnen. Ein Beispiel dafür ist die Geschichte des Berliner Autisten Birger Sellin. Mit kaum zwei Jahren nach einer schweren Hirnhautentzündung verstummt und hinter stereotypen Verhaltensweisen verborgen, konnte Birger erst mit 17 Jahren mit Hilfe der »gestützten Kommunikation« am PC kommunizieren. In seinen Tagebuchaufzeichnungen unter dem Titel »Ich will kein Inmich mehr sein. Botschaften aus einem autistischen Kerker«[127] konfrontiert er den Leser mit einer bestürzenden Wachheit und Sprachkraft im Schildern seiner Alltagsbeobachtungen, seiner Hoffnungen und Verzweiflung. In den Notizen, die auf Groß- bzw. Kleinschreibung verzichten, bezeichnet er seinen Zustand als »isolationshaft« und »lebendig begraben sein.« Sich selbst nennt er ein »ohnemichwesen aus dem reich der dunklen gestalten«. Aus seiner »personenkiste« schickt er »mitteilungen an das volk der oberwelt«. Zwischen dem Eindruck, den dieser Junge beim jahrelangen Murmelspiel unter dem Wohnzimmertisch auf seine Familienangehörigen gemacht hatte, und dem Eindruck, den seine schriftlichen Äußerungen hervorrufen, liegen Welten. Birgers schlichte Notiz »ohne widerstand keine entwicklung« vom 19. Juli 1994[128] macht deutlich, dass er über ein starkes und klares Ich-Bewusstsein verfügt – ein Ich, das hinter der schweren Beziehungs- und Kommunikationsstörung des Autismus eine gewisse Souveränität und Eigengesetzlichkeit behält.

Totes Wissen oder lebendiges Erkennen?

Ein dritter Aspekt im Umgang mit dem menschlichen Ich betrifft eine auffällige Eigenart desselben. Im inneren Erlebnis ist das Ich nur greifbar, wenn es tätig ist, also sich in fortwährender Aktivität befindet. Tätigkeit ist der geistige Herzschlag unserer Persönlichkeit.

125 Eine Fülle von Anregungen in dieser Hinsicht finden sich bei Michaela Glöckler/Stefan Langhammer/Christof Wiechert: Gesundheit durch Erziehung. Eine Herausforderung für Pädagogen, Mediziner und Eltern. Persephone Kongressband, Dornach 2006. Im Internet sind Auszüge verfügbar unter www.anthroposophie-lebensnah.de/publikationen (aufgerufen am 25.05.2018).

126 Jost Schieren: Das Rätsel des menschlichen Ichs. Eine pädagogische Betrachtung. In: Vierteljahresschrift zur Anthroposophischen Arbeit in Deutschland, Johanni 2012, S. 94.

127 Birger Sellin: Ich will kein Inmich mehr sein. Botschaften aus einem autistischen Kerker. Herausgegeben von Michael Klonovsky, Köln 1993.

128 Sie findet sich im Nachfolgeband des Autors. In: Birger Sellin: Ich Deserteur einer artigen Autistenrasse. Neue Botschaften an das Volk der Oberwelt. Herausgegeben von Michael Klonovsky, Köln 1995, S. 188.

Bei genauerer Betrachtung verdichtet sich diese Tätigkeit in zwei Gesten: in die Fähigkeit des Ich, sich mit der Welt zu verbinden und sich von ihr zu trennen. Für die ersten Lebensjahre des Menschen gilt zunächst, dass alles elementare Tun ein Sich-Verbinden mit der Welt darstellt. In jedem Wahrnehmen, Sich-Bewegen, in jeder Nahrungsaufnahme und jedem Körperkontakt verbinden sich die kleinen Kinder mit der Welt. Sie können gar nicht anders, als die Welt um sich herum nachzuahmen. Erwachen und Sich-Verbinden ist in diesem Lebensalter bei gesunden Kindern eins. Die Geste des Trennens spielt sich eigentlich nur ab, wenn der Übergang zum Schlafen gefunden wird. Im Rhythmus von Wachen und Schlafen, von Einatmen und Ausatmen, von Sich-Verbinden und Trennen verläuft alles leiblich-seelische Leben. Nun gibt es Einschnitte in der menschlichen Biografie, wie den sog. Rubikon oder die Pubertät, in denen die Kraft der Distanzierung stärker wird. Der heranwachsende Jugendliche erfährt das Getrenntsein von seiner Umgebung und von der Welt in dieser Phase immer wieder als einen großen Schmerz. Diese Entwicklung geht mit tiefen Gefühlen der Einsamkeit einher. Das unbefangene Vertrauen, das Kinder in die Welt und auch in ihre eigene Zukunft haben können, geht in dieser Zeit zunächst verloren. Die Schule reagiert auf diese Tatsache, indem das Vorstellungselement im Unterricht, also die Geste des Sich-Trennens, verstärkt und kultiviert wird. Dem Pubertierenden genügt es nicht mehr, die Welt – etwa einen physikalischen Versuch, ein historisches Ereignis – nachzuerleben und zu beschreiben. Er will Gründe für ihr So-Sein erfahren. In jedem Abstraktionsvorgang findet diese Trennung von der Welt statt – ein Übergang vom Wollen zum Vorstellen. Im Vorstellen sind wir von den Dingen der Welt getrennt. Der mit dem Vorstellen einhergehende Weltverlust wird schmerzlich erlebt. »Deshalb tun Abstraktionen immer etwas weh.«[129]

Eine didaktische Aufgabe innerhalb der Waldorfpädagogik besteht nun darin, dass das Ich auch im Abstraktionsvorgang anwesend bleibt, dass es sich nicht zurückzieht aus diesem eher kognitiven Prozess. Kinder, aber auch Jugendliche wollen auf dem Weg in die Abstraktion nicht die Welt verlieren. Wie kann das gelingen? Viel kommt in dieser Hinsicht darauf an, dass die erarbeiteten Begriffe lebendig bleiben. Dass sie noch die Kraft in sich tragen, Erlebnisse im Heranwachsenden hervorzurufen. Wenn der Satz gilt »Was ein Kind kalt lässt, hat für es kaum einen Wert«[130], dann weist er auf eine Tatsache hin, die mit gewissen Abstrichen auch für Jugendliche relevant ist. Was ohne Anteilnahme und Begeisterung, ohne wirkliches Erkenntnis-Interesse vorgebracht wird, ist für Jugendliche tendenziell totes Wissen. Ein wunderbares Beispiel für einen Oberstufenunterricht, der einem Jugendlichen nicht Wärme entzieht, sondern zuführt, schildert der erfahrene Waldorfpädagoge Valentin Wember. Der Zehntklässler Christian wird in der Biologie-Epoche mit einem Experiment des polnischen Herzchirurgen Manteuffel-Szoege (1904–1973) konfrontiert. An Hundeherzen, die erst durch ein alkaloides Gift gelähmt und später durch Sauerstoffzufuhr und die darauf einsetzende Blutzirkulation wieder zum Schlagen animiert wurden, kommt der Schüler zu der begeisternden Erkenntnis, »dass das Herz keine Pumpe ist. Das Herz nimmt den Druck wahr und reguliert ihn, aber es ist keine Pumpe. Das Blut fließt nicht durch Druck, sondern durch Sog. Es fließt, weil es gebraucht wird [...].«[131] Bei diesem inneren Erlebnis wird dem Schüler, wie er in seiner Schilderung betont, selbst warm ums Herz. Hände und Füße werden plötzlich durchblutet. An diesem Phänomen entwickelt Wember die pädagogische Vision. Wie gelingt es, einen Unterricht so zu gestalten, dass er dem Körper nicht Wärme entzieht, sondern zuführt? Wie gelingt es, so könnte man die waldorfpädagogische Aufgabe beschreiben, eine Form der Wissensvermittlung zu praktizieren, die den Körper stärkt, statt ihn zu schwächen? Eine Forschungsaufgabe ersten Ranges: Wie kann die »Abstraktion, vor der wir uns fürchten«[132], vermieden werden? Johann Wolfgang Goethe, von dem diese interessante Formulierung stammt, hat in seiner Farbenlehre eine Erkenntnismethode praktiziert, die sich für die Pädagogik fruchtbar machen lässt. Beim Experimentieren achtete er darauf, dass seine Versuche ihren Gegenstand weder aus dem Zusammenhang mit den übrigen Erscheinungen noch aus der Verbindung mit dem Beobachter lösen. Damit blieb der Erlebnischarakter weitgehend gewahrt. So heißt es in einer Reflexionspassage der erwähnten Schrift: »Denn das blosse Anblicken einer Sache kann uns nicht fördern. Jedes Ansehen geht über in ein Betrachten, jedes Betrachten in ein Sinnen, jedes Sinnen in ein Verknüpfen, und so kann man sagen, dass wir schon bei jedem aufmerksamen Blick in die Welt theoretisieren. Dieses aber mit Bewusstsein, mit Selbsterkenntnis, mit Freiheit und, um uns eines gewagten Wortes zu bedienen, mit Ironie zu tun und vorzunehmen, eine solche Gewandtheit ist nötig, wenn die Abstraktion, vor der wir uns fürchten, unschädlich und das Erfahrungsresultat, das wir hoffen, recht lebendig und nützlich werden soll.«[133] Obwohl Goethe den Gebrauch von Mikroskop und Fernrohr mit gewissen Abstrichen nicht scheute, so achtete er doch streng darauf, die Welt so aufzunehmen, wie sie ihm vor die Sinne kam. Die Beobachtung eines Zeitgenossen, dass sich Goethes Denken nicht »von den Gegenständen sondere« und dass sein »Anschauen selbst ein Denken, (s)ein Denken ein Anschauen sei«[134], befriedigte ihn tief. Dieses anschauende Denken Goethes gibt einen Hinweis darauf, welche Methode im pädagogischen Feld im Hinblick auf die Entwicklungssituation der Kinder angebracht ist.

Die Gedankenbildung ist so zu gestalten, dass das Ich mit seinem Bedürfnis, etwas zu erleben, in Tätigkeit bleibt. Wenn es in der Gegenwartskultur die Tendenz gibt, dass Wissen und Erleben auseinanderfallen, wie es in der Klage »Wir wissen viel, aber wir erleben nichts!« zum Ausdruck kommt, dann sind Heranwachsende von dieser Spaltung besonders existentiell betroffen. Ihre Neugier und ihre Begeisterung, ihre Fragekraft und

129   Jost Schieren, a. a. O., S. 101.
130   Valentin Wember: Die fünf Dimensionen der Waldorfpädagogik im Werk Rudolf Steiners. Tübingen 2015, S. 120.
131   Ebenda, S. 137.
132   Die Formulierung ist Goethes Vorwort zur Farbenlehre aus dem Jahr 1808 entnommen.
133   Goethes Werke Band XIII, Naturwissenschaftliche Schriften I, textkritisch durchgesehen und kommentiert von Dorothea Kuhn und Rike Wankmüller. München 1982, S. 317.
134   Es handelt sich um den Leipziger Psychiater Professor Heinroth, bei dem sich Goethe unter dem Titel »Bedeutende Fördernis durch ein einziges geistreiches Wort« bedankte. In: Goethes Werke Band XIII, a. a. O., S. 37.

ihre Hingabefähigkeit müssen aber erhalten bleiben, will man dem Lernen nicht die Freude austreiben. Kinder wollen als ganze Menschen, also auch mit ihrem Fühlen und Wollen, in den Vorgang der Abstraktion eingebunden bleiben. Ein Beispiel aus dem Geschichtsunterricht der zehnten Klasse soll das verdeutlichen. Statt die griechisch-athenische Demokratie im 5. Jahrhundert vor Christus mithilfe eines abstrakten Verfassungsschemas einzuführen, wird vom Lehrer über den Rundgang eines Reisenden berichtet. Dieser landet 430 v. Chr. im Hafen von Piräus. Er erlebt dort nicht nur, wie Luxusgüter vom Schwarzen Meer oder aus Nordafrika gelöscht werden, sondern er sieht auch zahlreiche Beamte, die sich als Getreideaufseher, Steuereintreiber oder als Aufseher über die Flotte im Hafenbereich tummeln. Nach einer längeren Wanderung zwischen den »langen Mauern« gelangt unser Athen-Besucher dann ins Stadtzentrum. Nach Durchquerung eines großen Stadttors kommt er mit einem großen Volkshaufen, der sich auf einer Felskuppe versammelt hat, ins Gespräch; mit Männern von der ganzen Halbinsel Attika, die etwa 40 Mal im Jahr die Möglichkeit hatten, als Volksversammlung zusammenzutreten und über alle wichtigen Fragen der Polis abzustimmen. Um auch mittellosen Bauern oder gar Ruderern die Teilnahme zu ermöglichen, wurden sogar Tagegelder bezahlt! Bei genauerem Hinsehen bemerkt der Besucher allerdings, dass es doch nur Adelige sind, die als Redner vor der Volksversammlung auftreten. Redner wie Perikles, der sich in der radikalen Demokratie eine Schulung durch Wanderlehrer, wie die bekannten Sophisten, leisten konnte. Im Laufe eines solchen Rundganges können alle Organe der attischen Demokratie wie Beamte, Volksversammlung, Adelsrat (Areopag), Rat der 500 und Volksgerichte in Aktion erlebt und im Stadtbild verortet werden. Die Schüler können bei dieser Lehrererzählung, die ggf. durch eine Karte Athens gestützt wird, Phänomene sammeln, die Auskunft geben über das Funktionieren der ersten Demokratie der Weltgeschichte. Mit Hilfe dieser Phänomene erschließt sich durch die Augen eines erstaunten Zeitgenossen zunächst die Komplexität und Lebendigkeit des Gemeinwesens, bevor das Funktionieren der Organe als Verfassungsschema selbst entworfen wird. Reflexionsübungen wie die Frage, wie Macht in Athen zustande kommt und wodurch sie kontrolliert und begrenzt wird, schließen sich am darauffolgenden Tag an. Der Weg zum Begriff geht durch das Bild. Die Anschauung begleitet konsequent das Denken. Das Staunen vor den Phänomenen bleibt erhalten, wenn durch Oberbegriffe wie Volksherrschaft das Erlebte begrifflich geklärt wird. Die Wärme im Vorgehen muss aber noch aus einer anderen Ebene kommen. Der Philosoph Martin Buber hat herausgearbeitet, dass sich ein Ich nur am Du bilden kann.[135] Bubers Grundfrage, ob wir das Leben wieder als »Begegnung« gestalten können, beachtet die Waldorfpädagogik, indem sie innerhalb der von der ersten bis zur letzten Klasse stabilen Lerngemeinschaft darauf Wert legt, dass die ganz individuellen Leistungen, nicht nur im intellektuellen Bereich, respektiert und gewürdigt werden. Im breiten Fächerkanon und in der Vielfalt eines jeden Schuljahres werden mannigfaltige Anlässe geschaffen, bei denen die Eigenart, das »unverwechselbare Ich«[136] eines Jeden sichtbar wird.

Fazit und Ausblick

Obwohl der Zeitgeist damit ringt, ob man dem menschlichen Ich überhaupt eine Existenz zusprechen kann, hat sich in der pädagogischen Betrachtung die tiefe Sehnsucht des Heranwachsenden gezeigt, als Ich-Wesen angesprochen zu werden. Eine Spurensuche durch die menschliche Biografie hat dann deutlich gemacht, dass ein Ich-Sinn schon beim kleinen Kind tätig ist. Über dessen Zusammenhang mit dem Tast-Sinn wurde die Pflege der Sinne als besondere Aufgabe identifiziert. Im Wechselspiel von zwei Gesten, einem Sich-Verbinden mit und einem Sich-Trennen von der Welt, wurde der Grundcharakter aller Ich-Tätigkeit erkannt. In der Oberstufe, so zeigte sich, muss die Aufmerksamkeit einer Ich-Pädagogik dahin gehen, dass der Heranwachsende in seiner Ganzheit im Abstraktionsvorgang angesprochen bleibt, will man die verbreitete Zeiterscheinung eines toten Wissens vermeiden. Beim Blick auf methodisch-didaktische Fragen erwies sich der Naturwissenschaftler Goethe mit seinem »anschauenden Denken« als Helfer. An einem Beispiel aus dem Geschichtsunterricht wurde deutlich, wie eine Begriffsbildung aussehen kann, die die Lebendigkeit der Phänomene nicht vergisst, sondern ihrer gewahr bleibt. Bei all diesen Aspekten ist darauf hinzuweisen, dass die Waldorfpädagogik selber nicht ich-bildend ist, sondern vorbereitenden Charakter hat. Wie müsste eine Prüfung aussehen, die mit diesem Potential, das wir als ein »Ich« bezeichnen, rechnet? Welche Aufgabenstellungen, aber auch welche Methodik und welches Selbstverständnis seitens der Prüfer sind dazu geeignet, die jugendliche Individualität in die Sichtbarkeit zu rufen? Es gehört zu den besonders festlichen Momenten des Lehrerdaseins, wenn im künstlerischen oder sozialen Tun, aber auch in der Präsentation der eigenen Erkenntnisbemühungen der Zukunftsmensch hinter dem kindlichen oder jugendlichen Schüler aufleuchtet.

135 Martin Buber: Ich und Du. Stuttgart 2002, S. 28.
136 Jost Schieren: Die spirituelle Dimension der Waldorfpädagogik. Vortrag auf der Mitgliederversammlung des Bundes der Freien Waldorfschulen am 16. November 2016. Er kann online abgerufen werden über: www.waldorfschule.de/fileadmin/downloads/artikel/Schieren_Die_spirituelle_Dimension_der_Waldorfpaedagogik.pdf (März 2018).

Ich bin halt langsam im Kapieren und zäh am Staunen.
(Martin Wagenschein)

Vom Ausbruch aus der Belehrungsschule

Tschuri, *Rosetta* und *Philae* waren im Herbst 2014 in aller Munde. Fasziniert blickte die Öffentlichkeit nach Darmstadt und Köln. Hier sitzen die Kontrollzentren der europäischen Raumfahrtagentur und des Deutschen Zentrums für Luft- und Raumfahrt. Am 12. November 2014 löste sich unter den anwesenden Wissenschaftlern und Technikern die über Monate angestaute Spannung in einem Ausbruch von Jubel, Stolz und Freude. Denn nach zehn Jahren Reise und 6,4 Milliarden Kilometern gelang es der Raumsonde Rosetta, das kühlschrankgroße Landelabor Philae auf einem nur vier Kilometer großen Kometen abzusetzen. Dieser Brocken namens 67P/C-G war 1969 von zwei Jungforschern am Institut für Astrophysik im kasachischen Alma-Ata entdeckt und nach seinen Entdeckern auch benannt worden. Er heißt Tschurjumow-Gerasimenko – im Volksmund *Tschuri*. In Köln gab es nun, 45 Jahre später, Sekt für 150 Gäste. Die Gesellschaft feierte eine Meisterleistung der Ingenieurskunst und des menschlichen Denkens.

Raumfahrt als Frucht eines linkshirnigen Denkens

Was musste nicht alles erforscht werden, um dieses Unternehmen zu ermöglichen? Etwa die Planetenbahnen durch Johannes Kepler (1571 – 1642), die Fallgesetze und das Rätsel der Beschleunigung durch Galileo Galilei (1564 – 1630), die Gravitationslehre durch Isaac Newton (1643 – 1727). Die Wissenschaft musste sich von der Theologie emanzipieren. So fand Newton durch seine Axiome für die Bewegungen der Planeten eine von allem Geist losgelöste Erklärung! Die Fähigkeit zur empirischen Beobachtung und zum exakten Denken bis in die Formelsprache musste ausgeprägt werden. Jahrhunderte lang musste eine neue Haltung zur Welt eingeübt werden auf der Grundlage von Distanz, Antipathie und der Fähigkeit »ex actu« vorzugehen. Damit ist die Begabung des modernen Menschen skizziert, sich aus den Prozessen der Natur herauszulösen und ihnen als Zuschauer gegenüber zu stehen. So kann die Kometenlandung als Frucht der Leistungsfähigkeit unserer linken Gehirnhälfte bezeichnet werden. In dieser Hirnregion sitzt das rationale Denken, das für verbale, logisch-analytische und mathematische Prozesse verantwortlich ist. Die linke Gehirnhälfte kontrolliert, detailliert, vermeidet Risiko und verarbeitet Informationen linear. Dem gegenüber haben in der rechten Gehirnhälfte die nonverbalen Impulse ihren Ursprung, die Phantasie, das intuitive Denken. Das rechtshirnige Denken liebt das Risiko, erfasst das Ganze, ist bildhaft angelegt und verarbeitet Informationen zirkulär.

Als man am 2. März 2004 die Raumsonde vom Weltraumbahnhof Kourou in Französisch-Guayana ins All geschossen hatte, musste man darauf vertrauen, alle Umlaufbahnen richtig berechnet zu haben. Denn nach jahrelanger Unsichtbarkeit konnte die Raumsonde erst im Mai 2014 als winziger Lichtpunkt durch die leistungsstarken Fernrohre identifiziert werden. Damals war Rosetta noch 2,2 Millionen Kilometer vom Ziel und etwa 510 Millionen Kilometer von der Erde entfernt. Jetzt, am 12. November 2014, galt es, das Landelabor Philae auf dem wandernden Kometen aus Staub und Eis abzusetzen. Wohl wissend, dass sich das Gewicht von 100 kg auf dem Himmelskörper auf ein Gramm verringern würde, denn die Schwerkraft reduziert sich dort auf einen winzigen Bruchteil der irdischen. So mussten die Ingenieure schwitzend ein zweistündiges »Ping-Pong-Spiel« überstehen, bis das dreibeinige Labor schließlich in einem schattigen Kraterrand zum Stehen kam. Obwohl die Forscherinnen und Forscher davon profitierten, dass die Menschheit vor mehr als 2000 Jahren Abschied vom mythologischen Denken genommen hatte, so griffen sie bei der Namensgebung für das Projekt doch gerne auf den Segen des Mythos zurück. 1822 gelang es dem französischen Ägyptologen Francois Champollion mit Hilfe des Steines *Rosetta* aus dem alten Ägypten die Hieroglyphen zu übersetzen. Als ein wichtiger Schlüssel für diese Arbeit erwies sich ein Obelisk auf der Nilinsel *Philae*, der erst die Zuordnung der Schriftzeichen möglich machte. Im Schutz dieses Namenspatrons soll nun die Entschlüsselung des Weltalls gelingen. Zur Beantwortung der Fragen nach der Entstehung und Zusammensetzung des Kometen führte Philae zehn Kameras, Messinstrumente und Probennehmer mit.[137]

Die an diesem Beispiel sichtbare Stärke des modernen naturwissenschaftlichen Denkens, das auf einer Geste der Distanz aufbaut und sich aus den Prozessen des Lebens herauslöst, hat eine Kehrseite. Das Streben danach, ein Phänomen innerhalb eines Experimentes zu isolieren, zu kontrollieren und unter berechenbaren Bedingungen zu erfassen, führt zu einer paradoxen Folge: Nach Rudolf Steiner kann die naturwissenschaftliche Denkweise nur das Tote an der Wirklichkeit erfassen. Wir ertöten die Natur, so seine Diagnose, um sie kennenzulernen im Experiment![138] Die Produktivität des rationalen Denkens, die aufgrund ihrer inneren Logik aus der Ganzheit der Phänomene herausfällt, führt also notwendig zu einer gewissen Einseitigkeit und Blindheit, die den Menschen der Gegenwart bedrängt und gefährdet. Dieses Phänomen hat der Schweizer Schriftsteller Max Frisch in seinem Roman »Homo faber« (1957) unter die Lupe genommen. Dabei wird der welt-

---

137   Zu den wissenschaftlichen Details siehe: »Die Jagd auf 67P/C-G« von Malte Henk in: Die ZEIT vom 6.11.2014 und »Plonk statt pluff. Wissenschaftler im Ausnahmezustand: Was die Kometenforschung aus der holperigen Philae-Landung gelernt hat« von Dirk Asendorpf in: Die ZEIT vom 20.11.2014.

138   Zur Problematik des naturwissenschaftlichen Experiments siehe den Vortrag Steiners vom 16. März 1921, GA 324.

erfahrene und erfolgreiche Ingenieur Walter Faber, der schon in den Einleitungssätzen verkündet »Ich bin ja nicht blind!«, in einen Inzest mit seiner eigenen Tochter Sabeth verwickelt. Seinem eigenen Schicksal gegenüber erscheint er blind wie der griechische Held Ödipus, mit dem er viele Eigenarten teilt.[139] In Faber zeigt sich die Hybris eines Menschen, der sich am Gipfel der Erkenntnis wähnt und der zugleich vor den tieferen Lebensfragen kapituliert. Die Einseitigkeit von Fabers Weltbild wird bereits zu Handlungsbeginn deutlich, als er auf einem Flug von New York nach Caracas eine Notlandung in der mexikanischen Wüste Tamaulipas mitmachen muss. Während der tagelangen Warterei auf Rettung wehrt er sich dagegen, die Wüste als »Erlebnis« verbuchen zu müssen. Für ihn als Naturwissenschaftler ist sie nur das Ergebnis von Gravitation, vulkanischem Gestein und Erosion. Die Bewusstseinsfrage hinter dem Roman könnte man folgendermaßen formulieren: Wie überwinden wir die Enge, Blindheit und Lebensfeindlichkeit eines Weltbildes, das die Zusammenhänge auf das Rational-Fassbare verkürzt?

Mehr Recht auf rechts? Die Krise unseres Bewusstseins im Spiegel der Literatur

Die Kritik an der Dominanz linkshirniger Strukturen in der Schule ist in den vergangenen Jahrzehnten immer wieder vorgetragen worden. So warf der Jurist Gerhard Huhn dem deutschen Bildungssystem schon 1992 vor, es sei verfassungswidrig und verstoße in seiner einseitig rationalen Ausrichtung gegen das Grundgesetz, GG Art. 2, wo das »Recht auf freie Entfaltung der Persönlichkeit« verankert sei. Huhn forderte pressewirksam »höhere Hirngerechtigkeit«. Daraus machte die Wochenzeitschrift *Der Spiegel* in der Ausgabe vom 13. April 1994 die Forderung *Recht auf rechts*. In seiner Argumentation beklagte der Jurist, dass selbst die Operatorenliste für Prüfungen in den Fächern Musik und Kunst linkshirnig ausgerichtet sei.

Schon lange vor Frisch hat sich die Literatur dieses Themas angenommen. So kommt Goethes Titelfigur Faust im »engen gotischen Zimmer«, halb Bibliothek, halb Laboratorium, trotz seines jahrelangen Studiums und des Erwerbs verschiedener akademischer Grade zu der Erkenntnis, »nichts« (V 364) zu wissen. Er fühlt sich abgeschlossen vom Wesen der Dinge. Er kann nicht erkennen, »was die Welt / Im Innersten zusammenhält« (V 382 f.) und bezeichnet sein Bewusstsein als »Kerker« (V 398). Was ist die psychologische Folge? Tiefe Depression, Verlust an Lebensfreude, Selbstmordgedanken, Spott auf alles Bücherwissen.[140] Faust ist in seinem Kopf, seinen grübelnden Gedanken gefangen. Er scheitert bei dem dreifachen Versuch, die Erkenntnisgrenzen zu überwinden.

  Auch die romantischen Dichter sind um 1800 skeptisch gegenüber dem Aufstieg der mächtigen Verstandeswissenschaften. In seinem geschichtsphilosophischen Essay »Die Christenheit oder Europa« (1799) idealisiert Novalis das Mittelalter als eine Zeit des Glaubens, in der die Menschen noch einen »heiligen Sinn« für die spirituelle Welt besaßen. Dieser stellt er die eigene Zeit als Verfallszeit gegenüber. Durch die heraufziehende Aufklärung, die Phantasie und Religion »verketzerte«, sei die Welt zu einem »echte(n)

Perpetuum mobile, einer sich selbst mahlenden Mühle«[141] verkommen. Aus der »unendlich schöpferischen Musik des Weltalls« sei das »einförmige Klappern« dieser Mühle geworden, die »ohne Baumeister und Müller« allein vom »Strom des Zufalls« getrieben werde. Dieses apokalyptische Bild ist ein Gegenentwurf zur mystischen Mühle, wie man sie etwa in einem romanischen Kapitell der Kirche im burgundischen Vezelay von 1140 sieht. In der esoterischen Bildsprache dieser Zeit schüttet Moses die Gesetze des Alten Testaments in die mystische Mühle, die mit Christus gleichgesetzt wird. Christus mahlt das Korn in Mehl – eine Anspielung auf das Gesetz des neuen Bundes. Der Apostel Paulus fängt dieses Mehl auf und verbreitet es auf seinen Missionsreisen weiter. Eine wunderbare Darstellung mittelalterlich-symbolischen Denkens. Während die Mühle hier in einen Ernährungsvorgang höherer Ordnung eingebettet ist, ist die sich selbst mahlende Mühle bei Novalis ein Bild tiefer Kulturskepsis. Die Verstandeswissenschaften haben in der Kultur der Aufklärung, so die romantische Lesart, ihren Zusammenhang mit dem Leben und der höheren Erkenntnis verloren. In einer weiteren Metapher stellt Novalis die Poesie als ein »geschmücktes Indien« dem »kalten, toten Spitzbergen des Stubenverstandes«[142] gegenüber. Das rationale Vermögen der Menschen wird hier zum Kältepol innerhalb einer globalen Erkenntnislandschaft. Dass Novalis mit seinem Fragment-Werk eine Art Ideenparadies anstrebte, in dem Poesie und Wissenschaft, Erleben und Erkennen, Rationalismus und Idealismus versöhnt werden, das erscheint unter dem Aspekt dieser Betrachtung wie eine Brücke zwischen linkshirnigen und rechtshirnigen Kräften.

Gegen die dunklen Seiten des naturwissenschaftlich-rationalen Denkens wendet sich auch Georg Büchner mit der düsteren Gestalt des Doktors in seinem Drama »Woyzeck« (1836). Wie der Hauptmann gehört er in Sprache und Denken zu den Herrschenden. Er kritisiert, dass Woyzeck, der geistig verwirrte, mittellose Soldat und Gelegenheitsarbeiter, seinen Urin »an die Wand pisst« statt ihn abzugeben. Denn damit ist das Erbsenexperiment, das der Doktor mit Woyzeck anstellt, gefährdet. Auf Woyzecks Hinweis, er höre »fürchterliche« Stimmen, antwortet der Doktor in zynischer Distanziertheit und Kälte: »Er hat die schönste aberratio mentalis partialis [...] sehr schön ausgeprägt!«[143]. Die

---

139 Dazu gehören die tragische Erkenntnis nach der Tat bzw. dem tödlichen Unfall Sabeths an der griechischen Küste, der Wunsch, sich die Augen auszustechen, und das Gefühl von Rachegöttinnen getrieben zu werden. Passend bezeichnet Frisch den zweiten Teil seines Werkes in einer Romanskizze als »Eumenidenfahrt«. Aber auch die Fußverletzungen gehören dazu, die sich Faber zuzieht, als er die schwerverletzte Sabeth fast nackt auf einer heißen Teerstraße Richtung Athen und Krankenhaus zu bringen versucht; denn im Mythos wird Ödipus als »Schwellfuß« vorgestellt.

140 Nach Erich Trunz: Goethes Werke Band III. München 1982, S. 502 sucht Faust »nicht Vielwisserei, Poly-Historie, sondern Ganzheitserkenntnis, Pan-Sophie«.

141 Hans-Joachim Mähl: Novalis. Band 2. Das philosophisch-theoretische Werk. München/ Wien 1978, S. 741.

142 Ebenda, S. 746.

143 Georg Büchner: Werke und Briefe. München 1980, S. 168.

Diagnose der Geisteskrankheit, deren Deutlichkeit der Doktor wie einen persönlichen Erfolg feiert, hat Vorrang gegenüber jeder Empathie, die Woyzeck in dieser Szene so nötig hätte. Für den Doktor ist Woyzeck damit ein bloßer Fall, den er distanziert aus wissenschaftlicher Perspektive beobachtet, ohne ihm irgendeine Hilfestellung zu geben. Dass der Mediziner gleichzeitig von der »Willensfreiheit« spricht und damit einen Kerngedanken des Idealismus zitiert, erweist sich als bloße bürgerliche Ideologie. In dieser Rhetorik spiegelt sich die zunehmende Tendenz zum Materialismus des 19. Jahrhunderts. Der jüngere Bruder des Autors, Ludwig Büchner (1824–1899), schreibt später mit dem Bestseller »Kraft und Stoff«[144] die Bibel des Materialismus, in der Leben nur aus Bewegungen der gewöhnlichen Materie erklärt wird.

Aufwachen für die Lebensgesetze der Kinder

Wir haben Anlass, unser pädagogisches Tun ganz bewusst und wach in dieses kulturgeschichtliche Spannungsfeld hineinzustellen. Im Spannungsfeld von Prüfungsorientierung, die bis heute eine weitgehend linkshirnige Handschrift trägt, und dem Auftrag der Waldorfpädagogik nach ganzheitlicher Welterkundung und Begleitung von Kinder- und Jugendbiografien kann uns Martin Wagenschein (1896–1988) helfen. Der promovierte Physiker war in den 1920er Jahren Lehrer an der reformpädagogischen Odenwaldschule und ab 1956 Honorarprofessor in Tübingen, wo er besonders eine Didaktik der Physik entwickelte. Sein zentrales Anliegen bezüglich der Schulpädagogik bestand darin, aus der »Scheintätigkeit des Unterrichtens«[145] und der »Zwangshandlung des Stoffhäufens« in ein wirkliches Lernen und wirkliches Verstehen einzutreten. Wagenschein wollte die »allgemeine Erledigungsmaschinerie« (der Begriff stammt von dem Schweizer Philosophen Max Picard[146]), nach der schon vor Beginn des Schuljahres, der Schulstunde, der Lehrgangseinheit fast alles feststeht, was schließlich herauskommen, was gelernt und beurteilt werden soll, überwinden.

Sein Ideal bestand demgegenüber darin, für die Lebensgesetze der Kinder aufzuwachen. Mit seinem anregenden Buch »Kinder auf dem Wege zur Physik« (1990) tritt Wagenschein nicht nur der verbreiteten Meinung entgegen, Kinder hätten in der heutigen Zeit das Staunen verlernt. Er warnt auch davor, in der Schule diese kindliche Kraft unter der uns umschwirrenden Informationsfülle zu ersticken. Mit großem Respekt schildert er an konkreten Beispielen, wie die kindliche Theoriebildung in verschiedenen Lebensaltern funktioniert. Das zeigt sich in folgendem Beispiel: »Lutz, dreijährig, sieht in der Seltersflasche die Bläschen steigen. *Da regnet's umgekehrt!* (Bericht des Vaters)«. Wagenscheins Kommentar: »Recht hat er, und doppelt: *Umgekehrt* einmal deswegen, weil hier Luftkugeln im Wasser sich bewegen, statt Wassertropfen in der Luft; und *umgekehrt* auch deshalb, weil sie steigen und nicht fallen.«[147] Mit seinem Gesinnungsgenossen Dewey, der schon 1910 über das Denken von Kindern geschrieben hatte *(How we think)*, teilt Wagenschein die Ansicht, dass wir »wie kleine Kinder sein müssen, um in das Königreich der Wissenschaft eingelassen zu werden.«[148] Was haben Kinder dem Erwachsenen

Abb. 13 *Was gelernt werden soll, steht schon fest: die Schule als Erledigungsmaschine*

voraus? Sie sind, davon war Wagenschein tief überzeugt, »forschende Wesen«, und er fürchtete, dass ihnen die Schule diese wunderbare Veranlagung abgewöhnen könnte. In den Begebenheiten, die das oben erwähnte Buch »Kinder auf dem Wege zur Physik« als Anlässe kindlichen Nachdenkens auflistet, geht es um zahllose Naturphänomene. Der Dreijährige fragt die Mutter nach der nächtlichen Bahn des Mondes. Ein Zweijähriger staunt in unendlichen Wiederholungen darüber, dass die Kieselsteine fallen. Ein Dreijähriger rätselt morgens nach dem Aufstehen darüber, wo das Dunkel hingeht. Denn wenn es morgens weicht, muss es ja irgendwo bleiben. Ein anderer Junge im Kleinkindalter beobachtet, wie die Bleistiftschrift, vom Vater wegradiert, verschwindet. »Vati, wo geht das hin? Geht das in' Gummi?« Wagenscheins Kommentar: Er ist dem Satz von der Erhaltung der Dinge auf der Spur. Gerade in der Genauigkeit ihrer Beobachtungen und in der Unbefangenheit ihrer Fragen werden die Kinder hier zu Vorbildern im Bildungsprozess.

Dagegen geht Martin Wagenschein unerbittlich ins Gericht mit Erwachsenen, die bezüglich naturwissenschaftlicher Phänomene nur leere Sätze parat haben. Wie kommt es, dass die Gestalt des Mondes vom Vollmond zum Halbmond, zur Sichel und zum Neumond wechselt? Wie ist es möglich, dass auf diese Frage, vom Astronomen Rudolf Kühn den Besuchern einer Sternwarte gestellt, achtzig Prozent der Befragten keine

144   Das Werk erreicht 21 Auflagen!
145   Dieser Begriff taucht in Wagenscheins Aufsatzsammlung »Ursprüngliches Verstehen und exaktes Denken«, Bd. 1, Stuttgart 1965, auf.
146   Zitiert von Horst Rumpf in der Einführung zu: Martin Wagenschein: »… zäh am Staunen«. Pädagogische Texte zum Bestehen der Wissensgesellschaft. Seelze-Velber 2002, S. 15.
147   Martin Wagenschein, a. a. O., S. 147.
148   Ebenda, S. 13.

richtige Antwort wussten? Und zwar unabhängig von der sozialen Schicht, aus der sie kamen.[149] Die am meisten verbreitete Erklärung von Studenten auf diese Frage bringt die »absurde Auskunft« ans Tageslicht, der Schatten der Erdkugel mache den Mond immer wieder zur Sichel. Was den Physiker hier bestürzt, ist nicht die Unkenntnis als solche, sondern dass der moderne Mensch verlernt hat, was die Naturwissenschaft ihn hätte lehren können: »einer Sache gewahr werden, beobachten«. Durch ein geduldiges Hinsehen, nicht auf den Mond allein, sondern durch ein genaues Betrachten der Sonne-Mond-Konstellation hätte der Betrachter allmählich erkannt, wie der Mond als dunkle Kugel im Licht der Sonne hängt – einer Sonne, die schräg hinter dem Mond schwebt. In einem humorvoll-drastischen Bild charakterisiert Wagenschein hier eine Zeitkrankheit: »Ein leeres Gerede, eine Papiereule, hat sich vor den Mond gehockt und statt eines Wissens synthetische Torheit beschert.« Als »Bildungsfinsternis«[150] bezeichnet er diesen Zustand. Blindheit gegenüber den Phänomenen einerseits, wirklichkeitsfremdes Scheinwissen andererseits charakterisieren die Komponenten dieser Gegenwartstendenz. An anderer Stelle kleidet er diese Diagnose in eine Frage: »Sind wir in Gefahr, nicht auf dem *Boden*, sondern auf *Kosten* der Phänomene Schule zu halten?«[151]

Die Kraft des Staunens – eine Bildungsenergie

Wie dasjenige seines Vorbilds, der französischen Philosophin und Pädagogin Simone Weil, kreiste Wagenscheins Denken viel um die Frage, wie sich im pädagogischen Raum eine »schöpferische Aufmerksamkeit« pflegen ließe, eine »erwartende Aufmerksamkeit«[152]. Wagenschein verweist hier auf einen Aphorismus von Ezra Pound: »Der ideale Lehrer müsste jedes Meisterstück, das er in der Klasse durchnimmt, beinahe angehen, als ob er es noch nie gesehen hätte.« Um diese Maxime zu erfüllen, muss der Lehrer darauf achten, nicht nur darüber nachzudenken, wie er eine Sache »beibringt«. Nein, sie muss ihm selbst immer wieder von neuem nahegehen. Die zweite Forderung betrifft den Umgang mit Zeit. Denn der gute Lehrer, dies hat Wagenschein bei Konfuzius gelernt, »leitet seine Schüler an, schleift sie aber nicht hinter sich her«. Der Unterricht darf nicht einer »Treibjagd, einem Verfolgen, Einkreisen und Erlegen des Wildes« gleichen,[153] er muss vielmehr dem Gespräch und der Gesprächspause Raum geben.

In einem solchen Gespräch wird das Tasten, das Stammeln unbeanstandet respektiert. Auf dem Hintergrund dieser Spurenlese bei Martin Wagenschein wird verständlich, warum der große Pädagoge Ende April 1984 in einer Postkarte an seinen Schüler und Mitarbeiter Horst Rumpf einen Satz schrieb, in dem der Angeschriebene im Rückblick eine besondere Form der Selbstcharakteristik Wagenscheins erkennt: »Ich bin halt langsam im Kapieren, und zäh am Staunen.«[154] Auch wenn das Kapieren im Vorfeld jeder Prüfung unersetzbar ist, so erhält sich der Mensch in der Fähigkeit zu staunen die eigentliche Bildungsenergie. Es überrascht nicht, dass die Philosophen der griechischen Antike im Staunen den Ausgangspunkt für jedes Lernen gesehen haben: »Alles Wissen kommt aus dem Staunen.« Mit dem Staunen verschwistert ist im Erkenntnisprozess die Frage. Wenn der

Kindheits- und Jugendpädagoge Henning Köhler darauf hinweist, die Lehrer sollten im Umgang mit den Heranwachsenden das »Stehenbleiben in der Frage« nicht verlernen, dann steht dieselbe Tugend zur Debatte. Wer staunt, bleibt in der Frage stehen, erhält ihre offene Energie. Im alltäglichen Unterrichten braucht diese Geste eine besondere Aufmerksamkeit. Welche Fragen können sich im Zuge des Unterrichts öffnen und sind geeignet mitgenommen zu werden? Die Kulturgeschichte kennt die geistigen Energien, die von großen Fragen ausgehen. Ist die Erde eine Kugel oder eine Scheibe? Gibt es Grenzen des menschlichen Erkennens? Lässt sich Papiergeld herstellen, das nicht mehr durch den Metallgehalt gedeckt ist? Und was ist in der menschlichen Entwicklung zuerst da – das Denken oder das Sprechen?

Schulen als Kathedralen der Neuzeit?

Wer die linkshirnige Schule heute in Frage stellt, wie es der oben erwähnte Jurist Huhn 1992 getan hat, der wird nicht nur dafür kämpfen, den künstlerischen Fächern einen anderen Stellenwert zu geben und die Kräfte der Phantasie in den Lernprozess einladen. Er wird sich mit neuer Aufmerksamkeit dem fragenden Menschen zuwenden. Wenn Neil Postman über die Schule sagt: »Alle Kinder treten als Fragezeichen in die Schule ein und verlassen sie als Punkte«[155], dann haben wir Anlass zur Sorge. Die heutige Lernkultur krankt an der Antwortkultur – ein Phänomen, das durch das jederzeit verfügbare Internet massiv verstärkt wird. Wir dressieren die Heranwachsenden dazu, Fragen zu beantworten statt Antworten zu befragen. Fragen, auf die man die Antwort schon weiß, sind keine richtigen Fragen. Richtige Fragen fordern heraus, sie versetzen die Welt in Unruhe. Rudolf Steiner empfiehlt die fragende Haltung in seinen »Nebenübungen« auch dem Lehrer, wenn er darauf hinweist: »Man kann von jedem Menschen, auch von Kindern, viel lernen, wenn man aufpasst.« Auf dem Berichtselternabend zum Landwirtschaftspraktikum einer 9. Klasse in Balingen konnte ich vor Jahren ahnen, was es heißt, von Jugendlichen zu lernen. Eine Schülerin hatte während des dreiwöchigen Praktikums beim Durchqueren eines Waldgrundstücks einen kleinen Turmfalken aufgegabelt. Sie fütterte ihn nun die verbleibende Praktikumszeit in ihrem Zimmer, bis ihr der kräftiger gewordene Vogel nicht mehr von der Seite ging. Er saß am liebsten auf ihrer Schulter und machte alles mit, was zu verrichten war. Das Mädchen, so mein Eindruck, stammte aus der Franziskus-

---

149 Martin Wagenschein: Verstehen lernen. Genetisch – sokratisch – exemplarisch. Weinheim und Basel 1999, S. 62.
150 Ebenda, S. 63.
151 Ebenda, S. 109. Die Frage findet sich in einem Vortragsmanuskript Wagenscheins vom 13.12.1982 zum Thema »... die Fähigkeit, die Wissenschaften unzugänglich zu machen«.
152 Ebenda, S. 32 und S. 34.
153 Ebenda, S. 36.
154 Siehe den Hinweis des Herausgebers Rumpf zum Titel der Textauswahl in: Martin Wagenschein, a. a. O., Innenseite Buchumschlag.
155 Neil Postman: Keine Götter mehr. Das Ende der Erziehung. Berlin 1995, S. 97.

Strömung. Ihre große Lebensfrage, das war auch an anderen Phänomenen spürbar, richtete sich auf das Wohl der Tiere. Hier war sie wach, tatkräftig, voller Verantwortung. Wenn die Behauptung des Bildungsjournalisten Reinhard Kahl stimmt, dass Schulen das werden müssen, was im Mittelalter die Kathedralen waren – Orte, an denen die Gesellschaft zeigt, was sie schön findet, Orte vieler Möglichkeiten, ein Ort, wo Zukunft entsteht – dann leuchtete etwas von diesem Ideal in den Berichten der Neuntklässler auf. Denn Schule hatte sich durch die dreiwöchige Praktikumszeit den Lebenszusammenhängen der Gegenwart und Zukunft geöffnet. Und die Jugendliche hatte durch ihre kleine Geste gezeigt, was es heißt, wenn unsere Anteilnahme und Fragekraft in die Umwelt hineinwächst. Die Schule der Zukunft soll nicht belehren, sondern dazu anstiften, das Leben zu befragen. Denn Fragen sind die eigentlichen Energien des Lebens.

Teil 3
Schule und Lehralltag neu denken

Wie schaffen wir es, dass unsere Schüler aus der Rolle des bezie-
hungslosen Bildungstouristen herausfinden und zu Bürgern wer-
den, die das Geschehen in der Schule nicht bloß erleiden, sondern
wie in einer Polis mitgestalten?

Raus aus der Komfortzone!
Die Portfolio-Methode als Türöffner zur
Persönlichkeitsentwicklung

»Ich habe stets geglaubt, dass es keine militärische Lösung für den Konflikt geben kann, weder in moralischer noch in strategischer Hinsicht. Nachdem aber absolut klar ist, dass eine Lösung gefunden werden muss, frage ich: Warum soll ich warten, bis sie sich selbst findet?« Im Anschluss an diese Worte des jüdischen Dirigenten Daniel Barenboim anlässlich der Verleihung des renommierten Wolf-Preises in der israelischen Knesset am 10. Mai 2004 kommt es zum Eklat.[156] Die israelische Bildungsministerin Limor Livnat beschuldigt den Preisträger, den Staat Israel anzugreifen. Wachsende Unruhe im Publikum. Barenboim weist diese Anschuldigung zurück und pocht darauf, in seiner Rede nur aus der israelischen Unabhängigkeitserklärung von 1948 zitiert zu haben, in der die Gleichheit aller Bürger, aber auch die Verpflichtung zu »Frieden und gute(r) Nachbarschaft« ausgesprochen worden sei. Währenddessen hält im Publikum ein bärtiger Besucher mit Kippa eine Fotomontage hoch, in der das Tor des Vernichtungslagers Auschwitz mit der Aufschrift »Musik macht frei« zu sehen ist. Der Preis für Barenboims Verdienste um sein »West-Eastern Divan Orchestra«, in dem seit dem Jahr 2000 junge Musikerinnen und Musiker aus Israel und allen mit dem jüdischen Staat verfeindeten arabischen Nachbarstaaten zusammenspielen, droht zum Menetekel zu werden.

Der Verlust von Gewissheiten

Diese Szene, als kurze Sequenz aus dem Dokumentarfilm von Paul Smaczny »Knowledge is the beginning« von 2005 eingespielt, bildet den Angelpunkt einer Geschichtsepoche an der Freien Waldorfschule Balingen. Gerade der zementiert erscheinende Konflikt zwischen Israelis und Palästinensern soll für drei Wochen zum Gegenstand des gemeinsamen Nachdenkens in einer zwölften Klasse werden. Am Beginn der Studien steht die Auseinandersetzung mit dem Roman von Susan Abulhawa »Während die Welt schlief«.[157] Die palästinensische Autorin erzählt das Vertreibungsschicksal der Familie Abulhija, seit

---

156 Der Text ist die erweiterte Fassung eines Artikels des Verfassers, der in EK April 2014 erschienen ist.
157 Susan Abulhawa: Während die Welt schlief. München 2013.

800 Jahren Olivenbauern in Ein Hod, östlich von Haifa, von 1948 bis 2003. Yussuf und Amal, die Kinder von Hasan und Dalia, wachsen im Flüchtlingslager von Jenin, im nördlichen Westjordanland, auf. Ihr Bruder Ismael wird jedoch von einem israelischen Soldaten als Säugling geraubt. Für die Mutter Dalia ist dies »ein weiteres Trauma, was sie lebenslang prägt«, wie Tina in ihrer Portfolio-Mappe schreibt. Als Jude David wird er unter falscher Identität groß und entdeckt erst spät unter tragischen Begleitumständen seine palästinensische Herkunft. Welche Symbolik: In der Bibel gilt Ismael als Sohn Abrahams mit der Ägypterin Hagar, einer Magd seiner Frau Sara. Er wird als Erbauer der Kaaba und Stammvater der Araber verehrt. Zugleich repräsentiert er die ursprüngliche Verwandtschaft zwischen Israeliten und Arabern! Im Roman wird dieses mythische Bild hart an die politische Gegenwart herangerückt, als sich Yussuf und »David« in einem Klima der Gewalt am Checkpoint als Brüder erkennen. Der Verlust der Zugehörigkeit und die Suche nach einer neuen Identität – diese Motive durchziehen nicht nur den Roman, sondern als Chiffre in der Geschichte des 20. Jahrhunderts auch unsere Unterrichtsgespräche. Leonie kommentiert ihre Leseerfahrungen mit dem Satz: »Ich war erschüttert und tief bewegt«. Um besser zu verstehen, was den jüdischen Soldaten Moshe dazu bringt, für seine Frau Jolanta, eine Überlebende des Holocaust, einen fremden Säugling zu rauben, beschäftigen wir uns mehrere Tage mit der Shoah.

Zeitzeugengespräche führen in die Multiperspektivität

Pavel Hoffmann, als tschechischer Jude 1939 in Prag geboren, hat als vier- bis sechsjähriges Waisenkind das Ghetto Theresienstadt überlebt. Bis heute versucht er, den traumatischen Verlust vieler Mitglieder seiner Familie in Zeitzeugengesprächen aufzuarbeiten. Über 40 Schülerinnen und Schüler der Klassen 12 und 13 verfolgen gebannt seine Ausführungen. »Ihre Geschichte hat mich sehr berührt« und »Ich kann mich kaum in die Lage eines kleinen Kindes versetzen, das ohne Familie in einem Ghetto zurechtkommt«, schreibt Charlotte später in ihrem Dankesbrief an Pavel Hoffmann. Und Lucca ergänzt: »Besonders erschüttert hat mich die Tatsache, dass Ihre Familie versucht hat fest zusammen zu halten und sich gegenseitig zu unterstützen.« Für Maurice ergibt die Zusammenschau von Literatur, Zeitzeugengesprächen und geschichtlicher Analyse »eine der spannendsten Wochen, die ich in dieser Schule erleben durfte«.

Eine große Herausforderung an das Mitgefühl, aber auch an die Reflexionskompetenz der Jugendlichen besteht darin, die Flüchtlingswege und Motive zu verfolgen, die zehntausende von Juden vor, während und auch nach dem Ende der nationalsozialistischen Schreckensherrschaft nach Palästina führten, im weiteren die Gründe für das Scheitern des UN-Teilungsplanes von 1947 zu studieren. Hätte es angesichts der israelisch-arabischen Kriege zwischen 1948 und 2009 Handlungsalternativen gegeben? Kann die Gründung des Staates Israel als legitime Konsequenz aus einer humanitären Katastrophe verstanden werden? Darf die Unabhängigkeitserklärung, die David Ben Gurion am 14. Mai

1948 im Stadtmuseum von Tel Aviv verlesen hat, noch heute als eine Art Leitstern für das israelisch-palästinensische Zusammenleben verstanden werden? Ist die arabische Perspektive auf die Nakba, die Katastrophe der Vertreibung, berechtigt oder sind Palästinenser nur eine »Erfindung von Arafat«, wie aus jüdisch-nationalen Kreisen bis heute zu hören ist? Wie ist der Versuch, 2011 im Rahmen der UNO einseitig einen Palästinenserstaat auszurufen, zu bewerten?

Können wir eine Krise lösen mit demselben Denken, das sie hervorgebracht hat?

Diese Frage, von dem Sozialpsychologen und Zukunftsforscher Harald Welzer angesichts unserer »Wachstumsideologie« hartnäckig aufgeworfen,[158] steht tagelang im Raum. Daniel und Philipp stellen dessen Stiftung FUTURZWEI anregend vor.

Neben der inhaltlichen Arbeit gilt es, die Epoche von der methodisch-didaktischen Seite altersgemäß zu entwerfen. Erwartungen an die Gestaltung der Portfolio-Mappen werden zu Beginn der Arbeit vorgestellt. Im Zentrum der Portfolio-Kultur steht die Idee, dass die Jugendlichen im Rahmen eines vorgegebenen Themas ihre persönlichen Interessen verfolgen können. Dabei kommen auch andere Gegenwartsphänomene in den Blick. Kann der neue Papst Franziskus mit seinem Leitbild einer »armen Kirche für die Armen« als Bereiter eines Weges aus der Vertrauenskrise betrachtet werden, die durch das höfische Gehabe des Limburger Bischofs Tebartz van Elst manifest geworden ist? So fragen Agnesa und Johanna. Wie hängt der syrische Bürgerkrieg, den Albin und Max vorstellen, mit der Flüchtlingstragödie von Lampedusa zusammen, der Johanna und Leonie in ihrer Mappe nachgehen?

Der Anregung, für die jeweils zehnminütigen Präsentationen »Aufführungsorte« außerhalb des Klassenraums zu suchen, damit wir – einer Warnung von Welzer folgend – nicht immer in unserer »Komfortzone« bleiben, kommen einige Zwölftklässler begeistert nach. Ein unbehaglicher Schuppen im Gartenbaugelände taugt als Ambiente für Flüchtlingsfragen. Der Geruch von Leim und Sägespänen in der Schreinerei bewährt sich als Bühne für eine biografische Skizze des Greenpeace-Gründers David McTaggart, der auch gegen den Raubbau an den Wäldern vorgegangen ist. Ein ungewöhnliches Setting im Klassenraum, bei dem die Mehrheit steht, eine abgezählte Minderheit aber sitzt, bietet sich als Erfahrungsfeld für die Auseinandersetzung mit Claude Lanzmann an, dem Regisseur des monumentalen Dokumentationsfilms »Shoah« von 1985. Bianca erinnert mit diesem Einfall an das stundenlange Stehen der entkräfteten jüdischen Häftlinge auf dem Appellplatz, während die SS-Führer saßen. Im Prozess der künstlerisch-sozialen Auseinandersetzung, die im Wärme-Feld der Arbeit an den Portfolio-Mappen gut gedeihen kann, bekommt das jugendliche Engagement Ernst und Bedeutung. Bis zu 65 Arbeitsstunden investieren einzelne in Recherche, Textwerkstatt und Gestaltung ihrer Mappen. Es ent-

---

158 Harald Welzer: Selbst denken. Eine Anleitung zum Widerstand. Frankfurt a. Main 2013.

stehen Malereien, Foto- und Text-Collagen, Kreativtexte zum Roman. In vielen Familien beginnt ein Generationen-Gespräch. Durch Johannas Präsentation zum Mössinger Generalstreik 1933, als die KPD gegen Hitlers Machtantritt den Aufstand probte, erfahren wir nebenbei, dass der Rädelsführer Jakob Textor der Lebensgefährte ihrer Großmutter war. Er ist 2010 mit 101 Jahren gestorben. Textor befestigte am Fabrikschornstein der Textilfabrik Pausa die rote Fahne und bekam später eine achtmonatige Haftstrafe! Dass Johanna gerade in diesen Wochen als Flötistin in einem Jugendorchester mitwirkt, das zum Gelingen der Theaterproduktion des Regionaltheaters Lindenhof »Ein Dorf im Widerstand« beiträgt, sei nebenbei erwähnt. Wie wohltuend, wenn die abstrakte »große Geschichte« durch das Okular der kleinen Familiengeschichte anschaulich und greifbar wird. Als Präsentationsort wählt Johanna morgens um 9 Uhr die leere Turnhalle. Die Geräuschkulisse der Industrieheizung an der Decke, die im Minutenabstand anspringt, lässt die zeitliche Distanz zum Geschehen für einen kurzen Moment vergessen.

Ein syrischer Geiger als Brückenbauer

Wie schicksalhaft knüpfen zwei Musikerinnen aus der Klasse in diesen Tagen Kontakt zu dem syrischen Bürgerkriegsflüchtling Ali Moraly, der wenige Wochen vorher das zerstörte Damaskus verlassen hat, um in Balingen bei Verwandten Unterschlupf zu finden. Ali, der seit Jahren in Barenboims Ost-West-Orchester Geige spielt und auch an dem legendären Konzert in Ramallah 2005 teilgenommen hat, besucht uns. An einer Wandkarte des Mittelmeerraumes entwirft er die geopolitische Situation von Syrien und erklärt in gepflegtem Englisch, dass der syrische Bürgerkrieg seine langfristigen Ursachen in der Zeit des europäischen Imperialismus hat.

In seinem Portrait des großen Dirigenten und Humanisten Barenboim entsteht eine Ahnung davon, wie das Neue in die Welt kommt. Ein Aufbruch in die Zukunft wird möglich, wenn einzelne Menschen wie Barenboim, der Whistleblower Edward Snowden oder die pakistanische Frauenrechtsaktivistin Malala Yousafzai – beides von Schülern gewählte Präsentationsthemen – aus der moralischen Macht ihrer Gewissenskräfte heraus Widerstand leisten und Verantwortung übernehmen. Barenboims Musikprojekt wird zum Urbild. Die Künstler überwinden die Enge ihrer nationalen und religiösen Zugehörigkeit und musizieren als Menschen miteinander. Als Ali vor den 420 Schülern der Klassen 1 bis 13 die Geige auspackt, um vor dem roten Bühnenvorhang des Festsaales Melodien aus dem jüdischen Kaddisch zu spielen – da zeigt sich, was Menschen jenseits der Sackgasse der Gewalt zusammenführen kann: die Kunst.

In der Selbstbewertung, mit der alle Mappen abgeschlossen werden, schreibt Anna-Maria über die Portfolio-Kultur: »Es ist unglaublich schön, andere Seiten an seinen Mitschülern zu entdecken, die durch eine normale Klassenarbeit nie sichtbar geworden wären. Durch die Portfolioarbeit kommt der Charakter eines Menschen besser zur Geltung.« Und sie lobt die »Chance mich frei entfalten und entwickeln zu können«. Eine Rückmeldung, die

Abb. 14 *Der Schüler der Zukunft: Vom Bildungstouristen zum Bürger, der die Schule mitgestaltet*

nachdenklich macht. Brauchen wir nicht auch in den prüfungsorientierten Abschluss-klassen mehr Angebote, eine »Wissenschaft für den ganzen Menschen« zu treiben, wie sie dem Autor dieser Zeilen vor 30 Jahren ein erfahrener Waldorfpädagoge in Freiburg als Vision vor Augen geführt hat? So kann es vielleicht gelingen, dass unsere Schüler aus der Rolle des beziehungslosen Bildungstouristen herausfinden und wieder mehr zu Bürgern werden, die das Geschehen in der Schule nicht bloß erleiden, sondern wie in einer Polis mitgestalten.

Die Evaluation von Schülerleistungen – eine Herausforderung

Die Bewertung von Schülerleistungen in einer so vielschichtigen Epoche stellt den unter-richtenden Lehrer vor große Herausforderungen. Die Portfolio-Methode hat sich dabei in dieser fächerübergreifenden Epoche mit geschichtlichem Schwerpunkt in mehrfacher Hinsicht als Instrument der Evaluation bewährt.[159] Zunächst erlaubt die Tatsache, dass im methodischen Zentrum der Epoche die Gestaltung einer Portfolio-Mappe stand und nicht die Vorbereitung einer Abschluss-Klausur, ein hohes Maß an Individualisierung. Das Motto der Epoche hieß nicht »Alle machen das Gleiche«, sondern »Suche am Thema dein Interesse!« Die Schüler suchten sich, nachdem sie in der ersten Woche in die Portfolio-Methode eingewiesen worden waren, aus einem prallen Themenangebot rund

---

159 Eine gute Einführung bietet Rüdiger Iwan: Zeig, was du kannst! Portfolioarbeit als zentrales Anliegen der Waldorfpädagogik. Heidelberg, 2005.

um den Nahost-Konflikt (früher und heute) und den erwähnten Roman eigene Schwerpunkte aus. Gemeinsam erarbeitete Aspekte wie die Gründung Israels und die damals geplante Zwei-Staaten-Lösung, aber auch die Vorgeschichte des jüdischen Staates und der Flüchtlingszustrom im 20. Jahrhundert (u. a. durch den Holocaust in Europa) wurden ergänzt durch individuell gewählte Beiträge, die aktuelle Aspekte wie den syrischen Bürgerkrieg, die Flüchtlinge auf der italienischen Insel Lampedusa oder die UN-Abstimmung über Palästina als Staat beleuchteten. Unter der Leitfrage »Wie kommt das Neue in die Welt?« stellten andere Jugendliche mutige oder anregende Zeitgenossen ins Zentrum ihrer Portfolios – darunter den Zukunftsforscher Harald Welzer, die pakistanische Kinderrechtsaktivistin Malala Yousafzai (geb. 1997) oder den 2013 gewählten Papst Franziskus aus Argentinien, der in bewundernswerter Konsequenz eine »arme Kirche für die Armen« verkörpert. Durch die Anregung, die Schüler eigene Präsentationsorte wie die Schreinerei oder einen Gartenbauschuppen außerhalb des Unterrichtsraumes aufsuchen zu lassen, wurden Formen von emotionalem und Erfahrungslernen möglich und zugleich die Gestaltungsspielräume der Jugendlichen im Umgang mit ihrem Thema erweitert. Die hohe Ernsthaftigkeit, mit der die Jugendlichen ihre Themen betreuten, zeigte, dass Präsentationen im Portfolio-Prozess wirklich als Möglichkeit, vor der Gemeinschaft Rechenschaft abzulegen, genutzt wurden. Das Aufbrechen der Konventionen, aber auch der Besuch zweier Zeitzeugen, sie trugen dazu bei, dass die Jugendlichen das ganze Unternehmen wie eine Zukunftskonferenz erleben konnten. Die Portfolio-Prinzipien des Recherchierens, Dokumentierens, Auswählens und Gestaltens (etwa ein Deckblatt für die Portfolio-Mappe), zuletzt noch ergänzt durch die Praxis einer »Bewertung im Dialog« machten es möglich, dass weniger Ergebnisse als Prozesse zum Gegenstand der Evaluation gemacht wurden. Es liegt auf der Hand, dass insbesondere der fächerverbindende Charakter von Deutsch, Geschichte und Zeitgeschehen mit Hilfe der beweglichen Portfolio-Prinzipien viel besser abgebildet werden konnte, als dies durch traditionelle Formen der Leistungsabfrage möglich gewesen wäre. Ein letzter Aspekt sollte nicht vergessen werden. Lässt man sich als Lehrer darauf ein, dass Schüler die Themen und Lernorte selber wählen und dass durch Zeitzeugengespräche nicht planbare Impulse in das Bildungsgeschehen herein kommen, dann öffnet man auch auf einer subtilen Ebene ein neues Feld. Jugendliche wollen erleben, wie das Ich des Erwachsenen mit neuen Situationen umgeht. Das enge Korsett einer konservativen Prüfung, in der es um Kontrolle, Vergleichbarkeit und Einhaltung der Leistungsstandards geht, kann nur gesprengt werden, wenn der Lehrer bereit ist, das Bewertungsmonopol im Berechtigungswesen zu verlassen. Das gemeinsame Erleben solch offener Bildungsprozesse im Dienste eines neuen Befähigungswesens braucht Mut, schenkt aber auch Vertrauen in die Persönlichkeitskräfte der jungen Menschen. Man fühlt sich an Friedrich Hölderlin erinnert, der seinen Zeitgenossen zugerufen hat: »Komm, ins Offene, Freund!«

Der Mensch ist das einzige Prüfinstrument,
das mitwachsen kann.

Schluss mit den Denkgewohnheiten.
Die Tugend der Selbstprüfung

Es gibt wenige Themengebiete, über die Rudolf Steiner in seinem Spätwerk so deutliche Worte findet, wie über die soziale Frage. Versetzen wir uns in die Februarwochen des Jahres 1919. Während in Bern die Sozialisten tagen[160] und in Versailles bei der Pariser Friedenskonferenz Vertreter von 32 Staaten unter der Leitung des französischen Ministerpräsidenten Georges Clemenceau und seiner englischen bzw. amerikanischen Amtskollegen – aber ohne Abgesandte der besiegten Staaten wie Deutschland – über die europäische Nachkriegsordnung verhandeln, schreibt Steiner Anfang Februar den »Aufruf an das deutsche Volk und die Kulturwelt« sowie, auf Drängen von Stuttgarter Freunden, eine Abhandlung über »Die Kernpunkte der sozialen Frage«. Dieses Werk wird in den nächsten Monaten in einer Auflage von 80 000 Exemplaren gedruckt und als vertiefte Einführung in die von Steiner propagierte Idee der »Dreigliederung des sozialen Organismus« unter die Leute gebracht. Liest man diese Texte sowie die flankierenden Vorträge, die der als Philosoph, Anthroposoph und Kulturerneuerer bekannte Steiner zu dieser Zeit hält, so fällt auf, dass er mit einem zeitgenössischen Phänomen besonders unerbittlich ins Gericht ging: dem Verhaftet-Sein in »überlieferten Denkgewohnheiten«.[161] So ruft er am 15. Februar 1919 bei einem Vortrag in Dornach entrüstet aus: »Die Menschen sind ja einmal so: solange das Alte nur ein bisschen hält – wenn es nicht gerade Röcke sind –, halten sie am Alten unbedingt fest und verschlafen alles, was sagt, dass es unmöglich ist, an diesem Alten noch festzuhalten. Man glaubt gar nicht, welche Rolle Bequemlichkeit im innersten Leben des Menschen eigentlich spielt.«[162] Ob es sich um Wilsons Idee der

160 Bei diesem internationalen Arbeiter- und Sozialistenkongress in Bern vom 3. bis 10. Februar 1919 trat auch der bayerische Linkssozialist und Führer der Rätebewegung Kurt Eisner als Redner auf. Er wurde kurze Zeit später in München von einem rechtsnationalen Studenten erschossen.

161 So heißt es in dem genannten Aufruf von 1919: »Die Wahrheit ist, dass keine im Sinne dieser alten Denkgewohnheiten gebildete Gemeinschaft aufnehmen kann, was man von ihr aufgenommen wissen will. Die Kräfte der Zeit drängen nach der Erkenntnis einer sozialen Struktur der Menschheit, die ganz anderes ins Auge fasst, als was heute gemeiniglich ins Auge gefasst wird. Die sozialen Gemeinschaften haben sich bisher zum größten Teil aus den sozialen Instinkten der Menschheit gebildet. Ihre Kräfte mit vollem Bewusstsein zu durchdringen, wird Aufgabe der Zeit.« Abgedruckt als Anhang in: Rudolf Steiner: Die Kernpunkte der sozialen Frage in den Lebensnotwendigkeiten der Gegenwart und Zukunft. GA 23, Dornach 1961, S. 127.

162 Rudolf Steiner: Die soziale Frage als Bewusstseinsfrage. Dornach 1980, S. 17.

nationalen Selbstbestimmung als Grundlage für eine neue Weltfriedensordnung handelt oder um die marxistische Disqualifizierung des Geistig-Religiösen als »Opium des Volkes« – Steiner hält solche Gedanken für willkürlich erdachte Hypothesen, für »Urteilsmumien« und »Schwarmgeisterei«. Stattdessen macht er die Vision einer »Gesundung unserer Zustände« davon abhängig, ob die Menschen eine Neigung dafür entwickeln, ihr Denken so zu schulen, dass es sich den Anforderungen der Wirklichkeit fügt. In vielfachen Anläufen beschreibt er das Ziel eines »wirklichkeitsbefreundeten Denkens«[163] und nimmt Theoretiker aufs Korn, die sich als Praktiker inszenieren und dabei doch nur Begriffsleichname produzieren.

Was heißt das für unser Thema? Das Festhalten an den alten Formen des Prüfungswesens, wie es im normierten Zentralabitur bis heute praktiziert wird, würde von Reformern wie Steiner, deren Blick an der Lebenswelt geschult ist, vermutlich ebenso als soziale oder pädagogische Krankheit gegeißelt. Eine Pädagogik, die ihren Ausgangspunkt beim werdenden Menschen nimmt, muss in einen tiefen Konflikt oder zumindest einen inneren Zwiespalt geraten, wenn durch die ungezügelte »Prüfungsenergie« eine Verzerrung der pädagogischen Werte und Prozesse und eine Verunsicherung aller Beteiligten erfolgt. Seit Jahrzehnten erbringen die deutschen Waldorfschulen hohe Anpassungsleistungen, indem sie ihre Oberstufenkonzepte, aber auch ihre Schüler und Kollegen auf das Bestehen dieser staatlich verordneten Hürden ausrichten. Man hüte sich davor, diese Tendenz nur als notwendigen Pragmatismus zu verharmlosen. »Das Abitur ist aus einer Pädagogik entstanden, die nicht mit dem vollen Umfang der menschlichen Seele arbeitet.«[164] Die Waldorfpädagogen Detlef Hardorp, Martyn Rawson und Franz Glaw, die ihre Prüfungskritik in dieser These zusammenfassen, mahnen zum 100-jährigen Jubiläum der Schulbewegung 2019 einen Aufbruch an. Die vorliegende Essay-Sammlung versteht sich als ein sehr persönlicher Beitrag zu diesem Aufbruch. Um den vollen Umfang der menschlichen Seele zu ergründen, wurde nicht nur Rudolf Steiners Menschenkunde zu Rate gezogen, gewissermaßen eine Psychologie des menschlichen Ich, sondern auch das Bildungsverständnis eines Friedrich von Hardenberg, auf dem Steiner in mancher Beziehung aufbaut. Neben diesen Bemühungen, das Prüfungsgeschehen und dessen Humanisierung in einer Art geistiger Landschaft zu verorten, möchte ich am Schluss meiner Darstellung noch einen Blick auf die Akteure werfen, auf die es bei einer Verwandlung des bewertenden Blicks in entscheidendem Maße ankommt: auf die Heranwachsenden und auf ihre Lehrer.

Bildungsprozesse ohne Spiegel

Aller Selbstverständlichkeit zum Trotz, aus der heraus heute ein ständiges Beschreiben, Bewerten und Dokumentieren die Entwicklung von Kindern begleitet, gleichsam als wollte man sie früh an die Zumutungen von Prüfung gewöhnen – gesund ist diese Form von »Überbelichtung« nicht. Einen originellen und tiefsinnigen Beitrag zu der Frage, was Bewusstsein in einem Wesen anrichtet, hat der Dichter Heinrich von Kleist geschrieben.

In seiner Abhandlung »Über das Marionettentheater« aus dem Jahre 1810 stellt er in einem Lehrgespräch zwischen einem Philosophen und einem Tänzer zwei Qualitäten einander gegenüber, die ein Licht auf die menschliche Bewusstseinsgeschichte werfen: Grazie und Ziererei. Nach der Aussage des Tänzers, der mit Vorliebe das Marionettentheater besucht, um von der Pantomimik der Puppen zu lernen, erscheint Ziererei dann, »wenn sich die Seele in irgendeinem andern Punkte befindet als in dem Schwerpunkt der Bewegung.«[165] Seit der Mensch vom Baum der Erkenntnis gegessen hat, ist er aus dem Paradies der bewusstlosen Bewegung vertrieben. Das paradiesische, unreflektierte Bewusstsein entwickelt Kleist in seinem Aufsatz an drei Beispielen: an der Marionette, der seelenlosen und bewusstlosen Gliederpuppe, an einem Bären, einem Tier im Einklang mit sich selbst und der Welt, und schließlich an einem Jüngling, der sich wie die berühmte griechische Plastik des »Dornausziehers« voll Anmut bewegt, bis er sich im Spiegel erblickt. Nun fängt er an, tagelang vor dem Spiegel zu stehen. Damit bewirke er das genaue Gegenteil dessen, was er sucht. »Eine unsichtbare und unbegreifliche Gewalt schien sich, wie ein eisernes Netz, um das freie Spiel seiner Gebärden zu legen, und als ein Jahr verflossen war, war keine Spur mehr von der Lieblichkeit in ihm zu entdecken [...]«[166] Gerade der Blick in den Spiegel und die damit verbundene Reflexion sorge dafür, dass der Jüngling seine Grazie verliert. Der paradiesische Zustand der Grazie stelle sich, so heißt es in Kleists Fazit, nur bei dem ein, der »entweder gar keins, oder ein unendliches Bewusstsein hat, d. h. in dem Gliedermann, oder in dem Gott.«[167]

Wem dauernd der Spiegel vorgehalten, wer dauernd bewertet wird, so könnte die pädagogische Schlussfolgerung lauten, verliert schon als kleines Kind seine Unschuld – und das heißt: Er verliert die gesunde Fähigkeit, mit Hilfe der Selbstwahrnehmung festzustellen, ob ein Lernvorgang gelungen ist oder nicht. Valentin Wember, der seit Jahren bemüht ist, die revolutionären Ansätze in Steiners Menschenkunde neu und frisch ins

---

163 Ebenda, S. 159.

164 Detlef Hardorp, Martyn Rawson, Franz Glaw: Was ist das neuseeländische »Steiner School Certificate«? In: Lehrerrundbrief des Bundes der Freien Waldorfschulen, Februar 2016, S. 304. Die Autoren regen an, das von neuseeländischen Waldorfschulen entwickelte Leistungsfeststellungsverfahren SSC, dessen »Level 3« dortigen Waldorfschülern einen Hochschulzugang ermöglicht, auch an deutschen Waldorfschulen als Zusatzangebot einzuführen. Das Verfahren wurde 2015 als ein pädagogischer Ansatz, der auch als Lernförderung verstanden wird und die Waldorfoberstufenpädagogik beleben kann, auf einer Mitgliederversammlung des Bundes der Freien Waldorfschulen diskutiert. Die Befürworter hoffen, dass das SSC mittelfristig als eigenständiger Waldorfabschluss und Hochschulzugang anerkannt wird. Anstatt das Abitur weiterhin auch mit seinen skurrilen Seiten flächendeckend zu akzeptieren, sind die Schulen aufgerufen, ihre Suche nach alternativen Abschlussformen zu verstärken. Eigene Schulabschlüsse, so das Credo der Autoren, zeigen das Potential einer »Schule im Aufbruch«.

165 Heinrich von Kleist: Sämtliche Werke. Darmstadt o. J., S. 827.

166 Ebenda, S. 829.

167 Ebenda, S. 831.

Abb. 15 *Der Verlust der Unbefangenheit vor dem Spiegel*

Gespräch zu bringen, hat die Schlussfolgerung aus dieser Beobachtung – die Abschaffung der Noten an den Waldorfschulen – in folgender Weise untermauert: »Noten spielen eine Rolle, wenn es um das Messen von Wissen geht. Wenn es hingegen darum geht, wer etwas wie tief aufgenommen hat, werden Noten absurd.«[168] Er wirft auch die Frage auf: »Warum muss ein Schüler eine schlechte Note bekommen, weil er sich nicht für alles interessieren konnte?« In der Nachfolge Steiners macht sich Wember ganz zum Anwalt der Kinder, wenn er schreibt: »Schlechte Noten sind gar nicht so selten ein Zeugnis für den Lehrer, dem es nicht gelungen ist, die Interessekapazität und die Denkfähigkeit eines Schülers zu vergrößern.«

Aus Sicht der Waldorfpädagogik ist es außerordentlich wichtig, dass den Kindern und Jugendlichen nicht dauernd ein Spiegel vorgehalten wird, durch den dann erst im Nachhinein der Wert dessen, was man gesagt oder getan hat, von außen bestimmt wird. Vielmehr ist es für die Ausbildung eines gesunden Selbstbewusstseins zentral, dass man im Prozess des Tuns selbst erfährt, ob das eigene Tun gut oder schlecht, willkürlich oder angemessen ist. Je kleiner ein Kind ist, desto mehr wird es nur in Tätigkeit kommen, wenn es sich seelisch mit der Welt identifiziert, d. h. wenn es seine Hingabefähigkeit ausbildet. Im Kindergarten- und frühen Schulalter, wo die Lernprozesse noch stark durch Prozesse der Nachahmung angeregt werden, ist diese Hingabefähigkeit die Voraussetzung dafür, dass Entwicklung stattfindet. Die entgegengesetzte »seelisch-geistige Grundgeste« ist nach Wember Distanzierung und Abstand[169] – die Grundvoraussetzung für unser Bewusstsein. Ohne diese Gegenüberstellung, hier bin ich – dort ist das Objekt, das ich betrachte – kann kein Bewusstsein und damit keine Bewertung entstehen.

   Natürlich tritt auch bei Kindern bereits die distanzierende Geste auf. Unter kleinen Kindern, die im Pausenhof spielen, findet sich einerseits die Hingabe: Sie versinken ganz in ihrem Spiel, wenn sie sich etwa in galoppierende Pferde verwandeln, die ein kleiner Wagenlenker mit der geknüpften Leine kaum zu bändigen weiß. Andererseits gibt es aber immer auch Kinder, die betrachtend danebenstehen. Sie schauen nur zu und spielen selten mit. In Rudolf Steiners Menschenkunde, die das Seelenleben des Menschen als ein »fortwährendes Wechselspiel [...] zwischen Sympathie und Antipathie« versteht,[170] wird der Wille wie auch die Phantasie und die Fähigkeit der Imagination mit der Urkraft der Sympathie in Beziehung gesetzt. Steiner erkennt bei jedem Menschen die Fähigkeit und den Drang, sich restlos an die Welt hinzugeben.[171] Wer Kinder zu früh darauf konditioniert, dass ihre Leistungen zurückgespiegelt oder gar in Form einer Note bewertet werden, der riskiert, ihren Willen zu schwächen. Erfolgt die Korrektur von innen, d. h. im Tätig-Sein, so sieht die Sache anders aus. Ein Urbild für diese Fähigkeit ist der Musiker, der beim Musizieren den falschen Ton vernimmt und ihn entsprechend korrigiert. Es muss in der Pädagogik also darum gehen, dass der Heranwachsende ein kontinuierliches Prozessbewusstsein entwickelt – kein diskontinuierliches Reflexionsbewusstsein.

Es ist interessant, dass nicht nur der Blick in den Spiegel, sondern auch die Neigung sich umzudrehen und zurück zu schauen in Mythos und Märchen mit Gefahren verbunden sind. Dies zeigt sich etwa im Mythos von Orpheus und Eurydike. Laut Hades, dem Gott der Unterwelt, darf der unvergleichliche Sänger Orpheus nur dann seine Geliebte, die Nymphe Eurydike, nach ihrem Tod durch den Biss einer Natter aus der Unterwelt (vom Tod) in die Welt der Lebenden führen, wenn Orpheus vorangeht und sich nicht durch Zurückblicken versichert, ob Eurydike ihm wirklich folgt. Orpheus scheitert an dieser Auflage. Da er Eurydike hinter sich nicht hören kann, wendet er sich nach ihr um. Den Kontrollblick kann er nicht unterdrücken. Nun muss Eurydike wieder in das Totenreich zurückkehren. Blickt man durch den Orpheus-Mythos auf die pädagogische Aufgabe, so könnte man die Sage als ein Gleichnis für Vertrauen lesen. Im Blick zurück verlässt Orpheus die Ebene des Vertrauens, der Herzensgewissheit. Wie in Kleists Gleichnis von der Marionette scheint sich der Schwerpunkt in der Bewegung des Sängers plötzlich zu verschieben. Orpheus verliert den paradiesischen Zustand der bewusstlosen Bewegung. Da Kinder, diese orphischen Wesen, nichts lieber tun als zu lernen in zunächst bewusstloser Hingabe, ist der Kontrollblick bei ihrer Tätigkeit immer auch Ausdruck eines Verlustes an Unbefangenheit.

168   Valentin Wember: Die fünf Dimensionen der Waldorfpädagogik im Werk Rudolf Steiners. Tübingen 2015, S. 145.

169   Der Begriff findet sich bei Valentin Wember: Willenserziehung. Sechzig pädagogische Angaben Rudolf Steiners. Tübingen 2015, S. 39.

170   Rudolf Steiner: Allgemeine Menschenkunde als Grundlage der Pädagogik. Zweiter Vortrag, S. 35, GA 293, Dornach 1975

171   Wember nennt diese Kraft im angegebenen Werk die »basale Ur-Sympathie«.

Wie erfahren Kinder ihre Selbstwirksamkeit im Lernen?

In dem Verzicht auf Noten spricht sich in der Waldorfpädagogik das Bemühen aus, dem distanzierten Bewerter, der in unserer Kultur so stark überhandgenommen hat, den Herrschaftsstab zu entreißen.[172]

Stattdessen müssen die Heranwachsenden ab der ersten Klasse vielfache Aufgaben erleben, in denen sie die eigene Selbstwirksamkeit im Lernen erfahren können. Dazu gehört es, dass Kinder schon im Unterstufenalter immer wieder aufgerufen werden, über das Wie einer Aufgabenbewältigung selbst zu entscheiden. So könnte schon ab einer dritten Klasse »gemeinsam überlegt werden, welche Möglichkeiten es gibt, ein Epochenheft individuell auszuarbeiten: Schriftgestaltung, Zeichnungen und farbige Bilder, eigene Aufsätze, Gedichte, Tabellen.«[173] In einer achten Klasse ist es möglich, dass Schüler Themen für Referate und Jahresarbeiten selbst auswählen. Auch ein betreuender Erwachsener sollte sich von den Fragen des Jugendlichen leiten lassen. In der Oberstufe ist die Ausrichtung des Unterrichts an den »latenten Fragen«[174] der Jugendlichen ein kostbarer Hinweis Steiners. Diese latenten Fragen werden vom Jugendlichen oft nicht in Worte gefasst, weil sie in einem unterbewussten Teil der eigenen Seele leben. Zu diesen tieferen Fragen gehört nach Christoph Göpfert etwa die nach der Natur des Bösen.[175] Wer als Jugendlicher im Laufe seiner Oberstufenzeit mit Werken wie Goethes »Faust« (Fertigstellung 1831) oder Wladimir Solowjows »Kurze Erzählung vom Antichrist« (1899) in Berührung kommt, der kann dieser tiefen Frage nach dem Bösen nachspüren, ohne vom Lehrer moralisch belehrt zu werden. Die Rücksicht auf »latente Fragen« ist damit auch ein Ausdruck des Respekts vor der Selbstwirksamkeit, die Heranwachsende im Laufe ihrer Schulzeit erleben und ausbilden sollen.

Neben der Rücksicht auf »latente Fragen« besteht ein anderes Aufgabenfeld in der Pädagogik des Jugendalters darin, dass die Urteilskraft ausgebildet werden soll. Diese Urteilsfähigkeit ist eine zentrale Kompetenz des Erwachsenen. Zugleich ist sie Voraussetzung jeder Prüfung, egal, ob es sich um eine Selbst- oder Fremdprüfung handelt.

Im Kinder-, vor allem aber im Jugendalter wird sie schrittweise erworben. Für jeden Pädagogen ist es eine zentrale Aufgabe, diesen Prozess zu begleiten und bewusst zu fördern. Damit ist nicht nur die allgemeine Empfehlung gemeint, man solle sich als Lehrer jetzt angewöhnen, »dem heranwachsenden Jüngling und der heranwachsenden Jungfrau mit *Gründen* entgegenzutreten«.[176] Denn: »[M]an wird mit Autorität gar nichts mehr ausrichten können. Man muss so in der Sache drinstehen, dass man jetzt die vollgültigen Gründe für die Dinge anzuführen in der Lage ist.« Diese neu auftretende Urteilskraft wird in der anthroposophischen Menschenkunde als Ausdruck einer grundlegenden Veränderung des leiblich-seelischen Gefüges gesehen, die Steiner als »Geburt des Empfindungsleibes« (oder auch Astralleibes) bezeichnet hat. Die Welt der Empfindungen und Gefühle, die von der Geburt an die Quelle allen seelischen Erlebens bildet, erlangt von der Pubertät an eine neue Stufe der Selbständigkeit. Sie äußert sich zunächst in Form von Kritik. So werden etwa Forderungen und Wünsche der Eltern, die man früher hingenom-

Abb. 16
Dem distanzierten Bewerter
den Herrschaftsstab entreißen

men und akzeptiert hat, jetzt zurückgewiesen. Damit gewinnt der eigene Innenraum an Macht, Vielfalt und Intensität. Der Jugendliche erlebt diesen neuen Schritt als schmerzvoll, weil er die kindliche Geborgenheit, das Paradies der frühen Jahre, verliert. Das Sich-Selber-Fremdwerden, sei es durch Verlust des alten Körpergefühls, durch das Erwachen für die eigene Geschlechtlichkeit oder durch eine neue Verortung in der eigenen Familie, geht oft mit Gefühlen von Verlassenheit und Einsamkeit einher. Ein Verlangen nach Auseinandersetzung meldet sich. In der Kritik, die sich schon an Nichtigkeiten des Alltags entzünden kann, erproben sich die neuen Seelenkräfte. So spricht Steiner in

172   Sandra Danicke spricht mit Blick auf die international verbreiteten Kundenbewertungen, Bewertungsportale und Ratingagenturen sogar von einem Bewertungswahn, indem sie feststellt: »Das Bewerten von allem, was wir nutzen und sehen, ist fast so üblich geworden wie Zähneputzen. Als gehöre Notenverteilen zu unseren Verbraucherpflichten«; siehe Die ZEIT vom 26. Oktober 2014.

173   Peter Loebell: Die Verwandlung der Selbstwirksamkeitserfahrung und ihre Bedeutung für das Lernen. In: Erziehungskunst Sonderheft »Bildungsstandards. Schule als Produktionsbetrieb?«, Oktober 2006, S. 76.

174   Christoph Göpfert: Der Deutschunterricht der Oberstufe als Antwort auf »latente Fragen« des Jugendlichen. In: EK 01/1989.

175   An der eigenen Schule erlebte der Autor im Herbst 2017 die Präsentation einer Zwölftklässlerin über das sog. Darknet, in dem sich jeder User unter Wahrung der Anonymität alles beschaffen kann – von Waffen über falsche Identitäten bis hin zu Auftragsmorden. Es war bewegend zu sehen, wie die Jugendliche im Interview mit einem Spezialisten der Polizei für Cyber-Kriminalität Kategorien zur Bewertung des Phänomens entwickelte.

176   Rudolf Steiner: Die gesunde Entwicklung des Menschenwesens. Vortrag vom 4.1.1922 (GA 303).

frühen Darstellungen auch vom »Kritikleib«.[177] Natürlich richtet sich die erwachende Kritikfähigkeit auch gegen sich selber, oft sogar in der allerschärfsten Form. Mit diesem anthropologisch beschreibbaren Untergrund hängt auch das Prüfungsgeschehen zusammen. Werden Elemente der Selbstbeurteilung in das Lernen eingebaut, so gewöhnt man die Kinder daran, dass »Lernen und Prüfen [...] zwei Aspekte ein und derselben Sache«[178] sind, wie der anregende Waldorfpädagoge Lothar Steinmann betont. So kann man die Kinder einer Mittelstufenklasse dazu auffordern, sich einmal selber interessante Fragen auszudenken, über die man in einer Klassenarbeit etwas schreiben will. Aus diesem Bestand könnte ein Teil der »Prüfungsfragen« genommen werden. Es ist wichtig, so unterstreicht Steinmann, dass Kinder zunächst Prüfungen erleben, die in einen pädagogischen Prozess eingebunden sind. Denn: »Wirklich prüfen kann ich mich nur selber und menschengemäß sind Prüfungen dann, wenn sie Selbstprüfungen ermöglichen.«

Portfolio und die Suche nach einer menschengemäßen Prüfung

Diese These, den Lebensgesetzen der menschlichen Biografie abgelauscht, scheint mir deshalb so fruchtbar, weil sie das menschliche Ich nicht als inhaltsleere Floskel behandelt, sondern diese Instanz ernst nimmt – in ihrem Bedürfnis nach Autonomie ebenso wie in ihrer Möglichkeit, vor sich selbst Rechenschaft abzulegen. Denn die Selbstprüfung gehört zum uralten Bestand menschlicher Tugenden. Das haben uns schon die Selbstbildnisse Albrecht Dürers im Mittelteil dieses Buches gezeigt.

Als ein geeignetes Instrument, Selbstprüfung und Selbstbeurteilung in den Evaluationsprozess einzubeziehen, hat sich in den letzten Jahren die bereits erwähnte Portfolio-Kultur bewährt. Hier entsteht Bewertung nicht als eine monologische Handlung des Lehrers, sondern als Frucht eines Dialogs zwischen Schüler und Lehrer. Im Austausch von Selbst- und Fremdbild begegnen sich die beiden Akteure wenn möglich auf Augenhöhe. Zugleich ermöglicht das Portfolio-Prinzip, den Vorgang der Leistungserbringung zu individualisieren. Denn das Motto lautet ja nicht wie in der hergebrachten Form der Klausur »Alle machen das Gleiche in derselben Zeit«, sondern »Suche an einem Thema dein Interesse«. So kann der Schüler etwa in einer dreiwöchigen Poetik-Epoche in Klasse 10 innerhalb eines abgesprochenen Rahmens (etwa Lyrik zwischen Sturm und Drang und der Gegenwart) einen selbst gewählten Text vor der Klasse präsentieren, analysieren und künstlerisch bearbeiten – indem er etwa einen Ergänzungs- oder Gegentext formuliert, eine Collage entwirft oder durch eine malerische oder plastische Arbeit auf den Text antwortet. Solche und andere Arbeiten werden in einer Portfolio-Mappe gesammelt und aufbereitet. Neben dem Sammel-, Auswahl-, Gestaltungsprinzip gehört das Bewerten im Dialog[179] zu den interessantesten, ja bisweilen sogar aufregenden Prinzipien der Portfolio-Kultur. Diese neue Kultur der »direkten Leistungsvorlage« hat den pädagogisch zentralen Vorteil, dass sie aus der Defizitorientierung ausbricht, das Potential des Heranwachsenden ins Zentrum stellt und besonders geeignet ist, den Lernprozess bewusst zu machen. An die Stelle des Berechtigungswesens, wie es mit dem Abitur verbunden ist, tritt das

Befähigungswesen. Dies spiegelt sich etwa in der folgenden Schülerrückmeldung aus einer Poetik-Epoche in Klasse 10: *Die Portfolio-Methode finde ich sehr gut, da man keine Themen »aufgezwängt« bekommt, sondern seine Interessen verfolgen kann. Das Anlegen der Mappe hat mir sogar Spaß gemacht, was man von schulischen Aufgaben ja nicht oft sagen kann. Auch wenn ich jetzt im Rückblick ganz andres an die Mappe herangegangen wäre.* Ein anderer Schüler schreibt auf die Frage, ob er die Portfolio-Methode als fruchtbar erlebt hat: *Ja, denn es regt einen an und schüchtert nicht ein.*

Dem Prozess der Selbstprüfung und Selbstbewertung einen höheren Stellenwert zu geben, kann als ein Beitrag angesehen werden, die Ich-Orientierung in den schulischen Oberklassen zu verstärken. Der Physiker Werner Heisenberg hat ja schon vor Jahrzehnten entdeckt, dass alles Messen unter einem Vorbehalt steht. Denn: Unsere Messinstrumente bestimmen unsere Messergebnisse.[180] Diese Beobachtung hat nicht nur für die Naturwissenschaften, sondern auch für die Pädagogik weitreichende Folgen: Der Mensch ist das einzige Prüf-Instrument, das mitwachsen kann! Wenn die Schulpädagogik den Jugendlichen zur Selbstverantwortung erziehen möchte, dann sollte sie ihn in einer altersgemäßen Weise auch an die kostbare Ebene der Selbstbeurteilung heranführen. Die Portfolio-Kultur macht wertvolle Angebote, um diesen Prozess anzuregen. Zu ihnen gehört die »beauftragte Bewertung«. Es kann für einen 16-Jährigen eine Entdeckung sein, wenn ihm die Möglichkeit gegeben wird, einen Menschen seiner Wahl als »Prüfer« einzuschalten. Vielleicht ist es gar nicht die eigene Mutter, sondern die Großmutter oder ein literarisch interessierter Nachbar, dessen Fremdbild besonders geschätzt wird, wenn der Jugendliche auf der Suche danach ist, sich ein Qualitätsurteil über die eigene Portfolio-Mappe bilden zu wollen. Eine Vorübung kann in dieser Hinsicht darin bestehen, dass sich die Schüler einer Klasse zunächst gegenseitig Rückmeldung geben, wenn die Mappen im Gestaltungsprozess zum ersten Mal ausliegen. Dies muss allerdings wertschätzend geschehen, im Vorgehen mehr beschreibend als bewertend.

---

177 Stefan Leber: Die Pädagogik der Waldorfschule und ihre Grundlagen. Darmstadt 1985, S. 109.

178 Lothar Steinmann: Lernen für das Leben und für den Augenblick. In: Rundbrief der Pädagogischen Sektion. Dornach 2005, S. 14. Der Autor wirkte lange Jahre als Klassenlehrer, später als Dozent und Leiter des Seminars für Waldorfpädagogik in Berlin.

179 Nach Felix Winter ist es ein zentrales Merkmal einer neuen Lernkultur, dass der Lehrer sein Bewertungsmonopol aufgibt: »Andere Lehrer, Eltern, Experten und nicht zuletzt die Schüler selbst werden an der Bewertung der Leistung beteiligt.« Näheres bei Felix Winter: Leistungsbewertung, a. a. O., S. 73.

180 »Wir dürfen nicht vergessen, dass das, was wir beobachten, nicht die Natur selbst ist, sondern eine Natur, die den Methoden unserer Fragestellung ausgesetzt wurde.« Zitiert nach: Werner Heisenberg: Physik und Philosophie. Frankfurt a. Main 1959, S. 38.

Das Abschlussportfolio – neuer Wind statt Behördenflaute

Eine besondere Spezies im vielfältigen Reich der Portfolio-Kultur hat sich seit 2009 an Waldorfschulen in Nordrhein-Westfalen herausgebildet. Unter der engagierten Projektleitung des ehemaligen Bochumer Oberstufenlehrers Frank de Vries hat sich erst im Ruhrgebiet, dann bundesweit ein Netzwerk von Waldorfschulen gebildet, die das sogenannte Abschlussportfolio am Ende der 12. Klasse an ihre Schülerinnen und Schüler vergeben. Ziel ist es, »die insbesondere während der Oberstufe erbrachten schulischen Leistungen des Schülers so zu dokumentieren, dass sein individuelles Kompetenzprofil in Erscheinung tritt«.[181] Inzwischen nehmen über 40 Waldorfschulen an dem Projekt teil. Die Initiatoren dieses Verbundes gehen dabei von der Erfahrung aus, dass sich die Waldorfschulen über Jahrzehnte mit der Vergabe der staatlichen Prüfungen ausreichend qualifiziert haben, um nun auch einen eigenen Waldorfabschluss zu verantworten. Letzten Endes heißt das auch: Auf der Grundlage dieser Abschlussportfolios sollen Zugangsmöglichkeiten an Fachhochschulen und Universitäten geprüft werden. Dafür muss das Verfahren aber »objektiv, valid und reliabel« sein, wie der bereits zitierte Flyer betont. Dieser Qualitätsstandard soll in nächster Zeit durch zwei Entwicklungsschritte erreicht werden. Eine Produktzertifizierung durch eine unabhängige Stelle soll bestätigen, dass das Abschlussportfolio nach einem kontrollierten und wissenschaftlich geprüften Verfahren zustande kommt. Zum anderen soll das Institut für Bildungsrecht und Bildungsforschung (IfBB) der Ruhruniversität in Bochum beauftragt werden, den rechtlichen Rahmen zur Anerkennung und Vergleichbarkeit des Abschlussportfolios der Waldorfschulen in Deutschland zu prüfen.[182] Rückenwind erhält das Projekt u. a. dadurch, dass in einigen EU-Ländern, etwa in Skandinavien, Waldorfschüler mit einem die Prämissen erfüllenden Waldorfabschluss nach Klasse 12 an einer Hochschule studieren können. Man sieht, dass der europäische Wind, der inzwischen auch in der Bildungspolitik bläst, geeignet ist, die Flaute innerhalb der Kultusminister-Konferenz abzulösen und das Vorankommen in schwierigem Gewässer zu erleichtern.

Die Peripherie aus dem Blick zu verlieren, ist ein schwerwiegender Verlust.

Im Lehren wieder das Lernen entdecken.
Wie funktioniert Praxisforschung?

Oberstufenunterricht lebt davon, dass das Offene, sich Entwickelnde Raum bekommt. Schule sollte für Jugendliche im Oberstufenalter immer auch eine Art Werkstatt sein, in der Zukunftskräfte erprobt werden können. Dazu tragen nicht nur Exkursionen und Praktika bei, die den Heranwachsenden hinaus in die Welt führen. Der Jugendliche muss auch erleben dürfen, dass sich der Erwachsene selbst in einem Prozess des Ringens, Erwägens, Klärens und Werdens befindet, nur auf einer reiferen Stufe. »Es ist die Leistung des Ich, die wahrgenommen wird und die sich darin äußert, wie mit einer Sache, einer Erkenntnis, einem Urteil umgegangen wird«, so betont der erfahrene Waldorfpädagoge und Dozent Stefan Leber.[183] Als Anregung, wie man diesen Prozess des Ringens als Lehrer gestalten kann, sollen die folgenden Ausführungen verstanden werden. Wie kann man in der eigenen Praxis ein Forschungsfeld entdecken?

»Mutti, warum geht der Mond so 'rum?« Die Mutter: »Daß er in jedes Bett schauen kann.«

Das ist die weise Antwort an den Dreijährigen. Hier sind »warum?« und »wofür?« noch eines (»pourquoi«), und der Mond ist noch kein Gegenstand der Himmelsmechanik.

Mit diesen Sätzen, einer Alltagsszene in einer Familie und einem kurzen Kommentar, beginnt das 1973 erschienene und 1990 neu aufgelegte Buch »Kinder auf dem Wege zur Physik« von Martin Wagenschein, von dem an anderer Stelle bereits die Rede war. Es besteht aus gesammelten Beobachtungen und Gesprächen, in denen die eigene »Physik« der Kinder zur Sprache kommt, beginnend mit animistischen Vorstellungen der ganz Kleinen. Im Vorwort zur Neuausgabe stellt Andreas Flitner das »Sehen und Denken von Kindern« in ein Verhältnis zum »naturwissenschaftlich Informierten«. Sein Befund: Der

181 Aus dem Flyer »Konzeption. Abschlussportfolio der Waldorfschulen« vom August 2015.
182 De Vries verweist in einer Stellungnahme vom Dezember 2017 mit dem Titel »Warum brauchen wir ein neues Rechtsgutachten zum Abschlussportfolio der Waldorfschulen in Deutschland?« auch auf den erweiterten Bildungsbegriff, der vor einigen Jahren (Einführung der Bildungsstandards durch die EU) unter dem Stichwort »Kompetenzorientierung« eingeführt wurde. Die Auffächerung nach Fach-, Methoden-, Sozial- und Personalkompetenz rückt die Waldorfschulen in ein neues Licht. Laut de Vries verfügen sie »über ein pädagogisches Potential, das seinesgleichen sucht«.
183 Stefan Leber: Die Pädagogik der Waldorfschule und ihre Grundlagen, a. a. O., S. 114.

Abb. 17 Rollenwechsel: vom Darsteller zum Zuhörer

»besserwissende Erwachsene« habe allzu oft »sein Nachdenken, sein Staunen über die Naturerscheinungen, ja überhaupt das genaue Hinsehen ohne Instrumente aufgegeben« und ein Erklärungssystem an die Stelle der Erscheinung gesetzt, das seine Einseitigkeit, seine Reduktionen »meist nicht mehr reflektiert«[184]. Das spontane Verhalten von Kindern des Schul- und Vorschulalters gegenüber unerwarteten Naturphänomenen zu dokumentieren und zum Gegenstand des pädagogischen Nachdenkens zu machen, hat der Autor Wagenschein, damals Professor für Didaktik der Physik in Tübingen, mit einem doppelten Anliegen versehen. Zum einen wollte er die Würde der Kinderaussagen erkennen, achten und dadurch zu einem angemessenen Umgang mit ihr beitragen – gerade, weil dies im institutionalisierten Rahmen des alltäglichen Unterrichts so schwer fällt. Zum anderen war es aber auch Wagenscheins Wunsch, die Lehrerbildung zu verändern. Siegfried Thiel, in den 1970er Jahren angehender Volksschullehrer und Mitarbeiter Wagenscheins, formuliert 1989 im Rückblick: »Das Buch sollte uns zum Hinhören erziehen, zum Aufnehmen der Unter- und Zwischentöne und damit unsere Wahrnehmungskompetenz erhöhen.«[185] Damit taucht eine Vision auf, die auch außerhalb der Waldorfbewegung in der zeitgenössischen Pädagogik ihren Platz hat: Die Vision eines Lehrers, der sich nicht im Lehren, d. h. im Sprechen und Darstellen erschöpft, sondern das »Hinhören« ins Zentrum seiner Entwicklung stellt.

Dieser Weg eines lebenslangen Berufslernens beginnt damit, eine Form der Achtsamkeit im Alltag zu pflegen und die eigene Wahrnehmungsfähigkeit zu erhöhen. Geschieht das strukturiert und mit dem Anspruch der Professionalisierung, so hat sich für dieses Bemühen der Begriff Praxisforschung durchgesetzt.

Rudolf Steiner weist in diesem Zusammenhang in der »Allgemeinen Menschenkunde« auf eine fundamentale Tatsache hin: »Der Mensch ist nicht bloß ein Zuschauer der Welt, sondern er ist Schauplatz, auf dem sich die großen kosmischen Ereignisse immer wieder und wieder abspielen.«[186] Nun gilt die Geste, dass der Pädagoge sein Seelenleben bewusst als Schauplatz anbieten kann, nicht nur für kosmische Ereignisse, sondern auch – wie Martyn Rawson, ein führender Vertreter der Praxisforschung, betont – »für etwas bescheidenere Phänomene wie zum Beispiel Kinder, Kollegen oder Unterrichtsgegenstände«.[187] Da wir in der eigenen Seele »Beobachter und Akteur zugleich« sind, heißt Praxisforschung immer auch sich selbst zu verändern. Martyn Rawson empfiehlt auf diesem forschenden Weg eine Haltung des herzlichen Interesses: »Unsere eigenen Reaktionen, Gefühle, Gedanken und Willensimpulse sind genauso Gegenstände der Reflexion wie alle anderen ›Forschungsobjekte‹ und sollen genauso mit liebevollem Interesse beobachtet, reflektiert und evaluiert werden.«[188] Während in der empirischen Forschung die Subjektivität des Forschers konsequent ausgeklammert wird, bezieht die Praxisforschung den Beobachter, d. h. den am Geschehen beteiligten Lehrer, ein. Gerade das, was der Forscher selber erlebt, fühlt, denkt oder als Intention in sich trägt, wird berücksichtigt.

Es liegt auf der Hand, dass die Kultur eines solchen Berufslernens fundamental für die Weiterentwicklung der Waldorfpädagogik ist. Wenn Rudolf Steiner im Ilkley-Kurs 1923 die wöchentlichen Lehrerkonferenzen als »die fortlaufende lebendige Hochschule [...] ein fortdauerndes Seminar« bezeichnete und wenn er sich darauf beschränkte, nur eine Lehrplanorientierung zu geben,[189] dann nahm er auch darin die Autonomie von Schulen,

184 Martin Wagenschein: Kinder auf dem Wege zur Physik. Weinheim/Basel/Berlin 1990, S. 3.

185 Ebenda, S. 201.

186 Rudolf Steiner: Allgemeine Menschenkunde. Dritter Vortrag vom 23. 08. 1919 (GA 293).

187 Martyn Rawson/Thomas Stöckli: Praxisforschung in der Waldorfschule. Ein Reader. Solothurn 2007, S. 14.

188 Ebenda, S. 15.

189 Martyn Rawson betont in seinem Forschungsbericht »Reflexives Lernen bei Waldorflehrkräften in kollegialen Zusammenhängen in Waldorfschulen. Ergebnisse einer qualitativen empirischen Studie« diesen Sachverhalt ausdrücklich: »In der Waldorfschule gibt es keinen standardisierten Lehrplan mit vorgeschriebenen Lernergebnissen, auch wenn viele Lehrkräfte von dem Waldorflehrplan sprechen. Das, was als Lehrplanorientierung gedacht ist [...] ist bisher in mehr als 20 Sprachen übersetzt worden (die jüngste Übersetzung 2013 in Mandarin), und jedes Mal wurden die Inhalte an den kulturellen Kontext angepasst.« In: Bund der Waldorfschulen (Hrsg.): Lehrerrundbrief. Sonderthema: Pädagogische Forschung. Kassel März 2015.

die sich auf der Basis kollegialer Selbstverwaltung konstituieren sollten, ernst. Die Lehrerkonferenz sollte nicht nur eine Bühne für Verwaltung und Organisation, sondern vor allem ein Ort für die Fortbildung der Lehrkräfte, für pädagogischen Dialog und für Forschung sein. In der Praxis der Schulbewegung lebt dieses Ideal nur begrenzt, wie eine Bestandsaufnahme in letzter Zeit zeigt.[190] Ein Fazit dieser Befragung lautet: »Es wird wenig evaluiert. – Es fehlt eine Praxis der Reflexion, die in einer Praxisgemeinschaft lebt. Vieles wird von Individuen gemacht und im besten Fall als Erkenntnis weitergegeben, statt gemeinsam erarbeitet. – Lehrerkonferenzen werden als wichtige Quelle des Lernens gesehen, aber ihre Effektivität wird nur teilweise geschätzt. – Die Praxis der Selbstverwaltung an Waldorfschulen wird als nicht sehr effektiv in Bezug auf berufliches Lernen empfunden. […]«.[191]

Das Forschungstagebuch

Damit liegt es auf der Hand, dass es auch unter Waldorfpädagogen geboten scheint, das Lernen im Lehren wieder zu entdecken. Zum »Besteck« dieses Schulungsweges gehören Kompetenzen, die seit Jahren im Zentrum der Ausbildung von Mentoren stehen[192] – etwa die Fähigkeit, den eigenen Unterricht mit den Augen eines Schülers zu betrachten. Wer in der Praxisforschung vorankommen möchte, der tut gut daran, eigene Gewohnheiten aufzubrechen. Dies gelingt am ehesten, wenn man den inneren Reflexionsraum im Pädagogischen vergrößert – also den Abstand zwischen Wahrnehmung und Handeln. Dabei kann es helfen, seine Unterrichtswahrnehmungen regelmäßig in ein Forschungstagebuch einzutragen. Datum und Uhrzeit, Ort und Klassenstufe, Gruppengröße und Angaben zum behandelten Thema können als Rahmendaten dienen. Weitere Notizen sollten die persönlichen Beobachtungen und Erfahrungen enthalten, wobei das Augenmerk auch auf »weiche« Aspekte wie Atmosphäre, Spannungsbogen oder soziale Interaktion gelenkt werden kann. Das Notieren gibt der Begebenheit Gewicht, rückt Erfahrung und Erkenntnis näher zusammen, macht ausgesprochene und unausgesprochene Leitfragen sichtbar und eröffnet einen Raum des Berufslernens, der bislang zu wenig bekannt oder zu wenig ausgeleuchtet oder zu abstrakt vorgestellt wurde. Im Folgenden gebe ich einige Ausschnitte aus meinem eigenen Forschungstagebuch von 2014 bzw. 2015 wieder. Die Namen wurden geändert.

Donnerstag, 6. 11. 2014
Seit Montag übe ich morgens von 7.15 bis 7.35 an der Eingangstür den »Schütteldienst« aus und begrüße alle hereinkommenden Kinder, Kollegen und Eltern mit Handschlag. Heute kommt ein kleines Mädchen aus der ersten Klasse von hinten, streckt mir strahlend die rechte Hand hin und entschuldigt sich, dass sie durch das Büro ins Haus gekommen sei. Ich bekomme eine Ahnung von der mythischen Dimension des Rituals – zumal alle von unten kommen und hinauf wollen, vorbei am »Hüter der Schwelle«. Ein Rudel junger Kinder springt mir leichtfüßig entgegen, andere kommen langsam und zögerlich an die

Schwelle. Welche Gruppe besteht aus Geschwistern? Eine Mutter lässt es sich jeden Morgen nicht nehmen, ihrer Tochter den Ranzen zu tragen. Was spielt sich urbildhaft ab?

Montag, 13. 11. 2014
Wenke (12. Klasse) beim Stundenrückblick in der Faust-Epoche gebeten, Tempo herauszunehmen. Das Denken kann sich nur beim gebremsten Sprechtempo einschalten. Magere Bilanz bei der Heftkontrolle, besonders bei Hans und Christian. Tafelbild in der Fachstunde Deutsch: Was kann man tun, damit das Kamel durch das Nadelöhr der Schriftlichkeit geht? Mein Hinweis, dass der Lehrer nur Stellvertreter ihrer eigenen Ich-Kraft ist, die beim volljährigen Schüler eingreifen könnte oder sollte, wird verstanden.

Dienstag, 18. 11. 2014
Anton in Klasse 13 bei unserem Studienrückblick auf die »Herausforderungen« der 1980er Jahre mit NATO-Doppelbeschluss 1979 (Aufstellung der Pershing-II-Raketen) und nach meinem Hinweis auf mein pazifistisches Engagement innerhalb eines basisdemokratischen Friedenscamps in Holland: Wie stehen Sie heute dazu? Der Jugendliche tastet ab, wie authentisch der Erwachsene ist.
In einer Pause lasse ich mir von Luisa (Kl. 10) noch einmal die Geschichte des verletzten Turmfalken erzählen, den sie bei einer Walddurchquerung im Landwirtschaftspraktikum im Juli gefunden hatte und dann tagelang aufpäppelte. Er hatte Flaumfedern und war aus dem Nest gefallen. Sie fütterte ihn mit Rinderstückchen und gefangenen Mäusen. Nach einiger Zeit blieb er ihr immer auf der Schulter sitzen. Luisa – ein stiller und verschmitzter Mensch aus der Franziskus-Strömung (Sonnengesang).

Donnerstag, 27. 11. 2014
Eingetaucht in die Abgründe unseres Finanzwesens (angeregt durch eine Szene aus Faust II zur »Papiergeldschöpfung – ein teuflischer Einfall?« – so die Überschrift des Hefteintrages) stellte ich heute in Klasse 12 die Idee der Gemeinwohlökonomie (Christian Felber) vor. Ich sammelte Schülerideen an der Tafel, worauf der Chef einer Firma unter dieser Frage-

---

190 In einer internationalen Studie zu kollegialen Praktiken, die Martyn Rawson 2010 bis 2013 durchführte, wurden in über 160 Fragebögen und 24 Interviews Waldorfpädagogen aus 16 Ländern befragt – von europäischen Schulen ebenso wie solchen in Australien, China oder Südafrika. Siehe Lehrerrundbrief. Sonderthema 2015, a. a. O.

191 Rawson, Lehrerrundbrief, a. a. O., S. 75 f.

192 Solche Schulungen wurden etwa 2012 durch die Schulberaterin Brigitte Pietschmann (WS Schwäbisch-Hall) in Stuttgart angeboten. In der Ausschreibung von 2012 heißt es: »Mentoren sind nicht nur Betreuer, Berater und Beurteiler für neue Kollegen. Bei der Erfüllung ihrer Aufgabe sind sie darauf angewiesen, die Regeln des Erwachsenenlernens zu beachten, d. h. sie sollen Experten in der Begleitung von Lernprozessen sein. Sie sollten den Mentee einladen seinen Unterricht zu reflektieren, aber auch diesen mit den Augen eines Schülers zu betrachten. Sie sollten Meister im Zuhören sein und Liebhaber einer Kultur der Anerkennung, die den Mentee nicht kleiner, sondern größer macht.«

stellung achten könnte. Tolle Entdeckung: Es tauchte das gesamte Ideen-Arsenal von Einkommensgerechtigkeit über sparsamen Umgang mit Ressourcen, humane Arbeitsbedingungen bis zu Transparenz und Möglichkeiten der Mitgestaltung auf. In unseren Schülern steckt ein großes Potential für Fragestellungen der Bewusstseinsseele.

Freitag, 19. 12. 2014
Berührendes Erlebnis: Wie alle 36 Schüler der Klasse 10 samt einer australischen Gastschülerin im Eurythmiesaal um 9.00 Uhr im Kreis stehen. Jeder hat einen Satz »seines« Dichters samt Name und Erscheinungsdatum vorbereitet, Sätze, mit denen sich die Jugendlichen in einer Auftaktübung im Raum gegenseitig begrüßt hatten. Ich lasse sie zum Abschluss in der Chronologie der Kulturgeschichte antreten – beginnend mit der Sturm-und-Drang-Lyrik des jungen Goethe von 1771 (Kerstin), endend mit Poetry-Slam (Chantal) und dem Lied von Pink »Dear Mr. President« von 2007 (Chris). Jeder Schüler sagt seinen Satz samt Autor und Jahr vor allen. Mein Versuch, darauf aufmerksam zu machen, dass der Text nicht nur informationsmäßig abgespult wird, sondern präsent und gestaltet im Raum steht. Wie plötzlich, wenn Wachheit herrscht und das Gesagte auch gedacht und gefühlt wird, ein zweiter Kreis von Geistern auftaucht und die Literaturgeschichte in Persönlichkeiten wie anwesend ist: Goethe, Schiller, Heine, Rilke, Benn, Celan, Brecht, Meerbaum-Eisinger, Domin, Allert-Wibranitz. Auf Zuruf treten dann alle jüdischen Autoren hervor. Dann alle gesellschaftskritisch-engagierten. Zeitmangel führt zu einem raschen Ende, da wir noch 15 Minuten für ausgelegte Mappen brauchen.

Dienstag, 20. Januar 2015
Gestern in der Pause Einzelgespräch mit Sven (Kl. 9) nach kurzem Zusammenstoß am Morgen im Hauptunterricht, weil ich ihn wegen seiner Lektüreversäumnisse zur Rede stellte und er freche Gesten machte. Durch eine wertschätzende Ansprache – ich fragte ihn, ob er Tipps habe für meinen Umgang mit seinen jüngeren Geschwistern beim Schütteldienst (»… nicht zwingen, Augenkontakt aufzunehmen«) – machte er schnell auf und wir hatten ein gutes, ehrliches Gespräch. Sein Bedürfnis, den Schlendrian aus Klasse 8 abzustellen.

Montag, 9. Februar 2015
Das Schmunzeln von Anette, Swenja, Paula, Chantal heute Morgen, als ich den Jugendlichen ihre eigene Kindersprache zur Analyse vorlege. Wie es berührt, wenn Jugendliche ihrer eigenen Vergangenheit begegnen wie etwas Fremdem. Wichtig: die mitgebrachten Formulierungen ganz sachlich vorlegen in abgetippter Form mit genauer Altersangabe des Sprechers. In der Analyse an der Tafel im Kontext von Sprachgeschichte stand folgender Satz zur Diskussion: »Mama helfen! Desda obba börne essen soll!« (Mama, hilft mir! Dieser Puppenhausopa soll die Birne essen!) Zum Abschluss des Hauptunterrichts ist Sprachmagie im Raum, weil wir mit meiner Kollegin Marina einen Ausflug in die georgische Sprache unternehmen.

Dienstag, 3. März 2015
Starker Eindruck aus der Rechenepoche der vierten Klasse, wo ich beim Klassenlehrer hospitiere. Wenn die Zehnjährigen auf den Tischen stehen, um beim Stabreim aus der Edda Sprache und Wille zusammenzubringen, wenn sie die armlangen Holzstäbe bei bestimmten Betonungen kurz fallen lassen und in der Luft wieder greifen. Wenig später sind bei den Zeugnissprüchen die Einzelstimmen hörbar, die aus dem Kollektiv heraustreten. So entsteht eine kleine kulturgeschichtliche Miniatur! Im Nachgespräch rege ich an, den starken Frontalunterricht und der analytischen Prägung auch etwas Entdeckerlust und Wechsel in der Sozialform an die Seite zu stellen. Könnte man eine Hausaufgabe einmal in Kleingruppen besprechen lassen?

Montag, 23. März 2015
Am Wochenende klingt bei mir ein Bild vom Freitag nach, als zwischen 9.30 und 11.30 Uhr eine partielle Sonnenfinsternis eintrat (in Stuttgart 71 %), die bei klarem Himmel zu leichter Verdunkelung, fallender Temperatur und etwas zurückgehenden Vogelstimmen führte. Als ich um 10.30 Uhr das Schulgelände Richtung Bahnhof verlasse (Höhepunkt der partiellen Verdunkelung), stehen zwei Schülergruppen auf dem Schulhof und rund um den Steinhau-Pavillon herrscht das schönste Treiben: Der Werklehrer hat Mittelstufenschüler um ein präpariertes Fernrohr versammelt. Überall war eine gewisse Unruhe im Umgang mit dem Naturschauspiel spürbar. Folgt man dem gestrigen Konferenzbeschluss (die große Pause wurde extra auf 9.15 bis 9.30 vorverlegt, damit die Schüler vor Verdunklungsbeginn wieder in ihren Klassenzimmern sind), dann wurden bei der Vorbereitung nur Sicherheitsfragen bedacht – dazu gehört, dass Schüler ohne vorschriftsmäßige Brillen (z. B. nur mit selbstgebastelten Folienbrillen) nicht rausdürfen. Besser stünde es uns als Waldorfschule an, vor dem Naturschauspiel zu staunen und das Phänomen zum Anlass zu nehmen, das eigene Wahrnehmen, Erkennen und Denken anzuregen. Leitfragen könnten sein: Wie entsteht eine Sonnenfinsternis? Warum gibt es nicht jeden Monat eine? Wo kann ich eine totale Finsternis erleben (Faröer-Insel, Spitzbergen)?
Die nächste partielle Sonnenfinsternis in Deutschland ist 2022, die nächste totale 2081. Folgen u. a. Springflut an der Küste der Normandie (Mont St. Michel) mit einem Tidenhub von 14,5 m! Alle 18 Jahre liegen Sonne, Mond, Erde auf einer Linie. Fazit: Eine besondere Gelegenheit nach Martin Wagenschein, in einer Zeit hochspezialisierter Wissenschaft den einzelnen zum Herrn seines Wahrnehmens, Erkennens und Denkens zu machen.

Es lohnt sich auch, Forschungsfragen zu notieren, die beim Nachdenken und Notieren wachgerufen werden. Macht man diese Übung über längere Zeit, dann kommen auch feinere Wahrnehmungen ins Bewusstsein. Dazu gehört etwa das Phänomen des »Nachklangs«. So, wie sich beim Besuch eines Konzertes der intensivste Eindruck oft in dem Moment einstellt, wenn der letzte Ton verklingt. Der Dirigent hält den Taktstock noch hoch erhoben. Das Publikum wird so daran gehindert, nach dem letzten Ton die Magie der plötzlichen Stille aufzulösen. Auch der Pädagoge kann dem Nachlauschen, was sich

Abb. 18 *Die Kunst des Zuhörens: den Nachklang erfassen*

nach Stundenende beim Verlassen des Unterrichtsraumes einstellt. Wenn keiner mehr spricht. Wenn die eigene Aufmerksamkeit nicht von irgendeinem Detail gefesselt ist – sei es vom Tafelanschrieb, von einer letzten Schülermeldung oder auch von der eigenen Emotion, die bei allem Tun mitschwingt. Der Sinn dieses Nachlauschens besteht darin, das »Zwischen« zu erfassen, die Substanz einer Gruppe von Kindern oder Jugendlichen, das Ungesagte zwischen den Worten, den nicht ausgelebten Willensimpuls. Die Bewusstseinsqualität, die immer präsent ist, aber oft unreflektiert und unausgesprochen bleibt.

Natürlich ist die Schlüsselfrage: Wie wirkt sich Praxisforschung auf die Unterrichts- und Schulqualität aus? Schließlich handelt es sich dabei, neudeutsch gesagt, um ein »Bottom-up«-Konzept. Hier erfolgt der Anstoß für Veränderung nicht von oben (Top-down), sondern er geht von den tätigen Menschen vor Ort aus. Der Impuls kommt also von unten. Damit der Forschende aber seinen Impuls lebendig erhalten kann, ist er auf die Bildung von Netzwerken angewiesen. Für Rawson und Stöckli ist die kollegiale, d. h. gemeinsame Praxisforschung in den Waldorfkollegien »eine Zeitnotwendigkeit«.[193]

Jede pädagogische Situation ist einmalig

Durch den regelmäßigen Austausch in kleinen Intervisionsgruppen und durch die Aufgabe, ein künstlerisch gestaltetes Portfolio anzulegen, in dem der eigene Lernweg dokumentiert und reflektiert wird, können die Beobachtungen aus dem Forschungstagebuch vertieft werden. Es zeigt sich, dass es dem inneren Schulungsprozess, aber auch der Institution Schule sehr zugute kommt, wenn in Netzwerken von Gleichgesinnten geübt werden kann. Und wenn es Bühnen gibt, auf denen die oft anspruchsvollen Fragen und Konflikte, die in der Dichte des Schulalltags entstehen, verarbeitet werden können. Die zentrale Erfahrung dabei ist: Das Lernen für die eigene Berufsbiografie zurückzugewinnen, ist nicht nur für die Qualitätsentwicklung der Schule entscheidend, sondern auch eine Form der Gesundheitspflege. Sie stellt eine Möglichkeit dar, die Sinnhaftigkeit des eigenen Berufs neu zu erleben. Nach Aaron Antonovsky gehört zur Salutogenese, die eigene Arbeit als sinnvoll und handhabbar zu erleben. Da jede pädagogische Situation einmalig ist, die Zuständigkeiten eines Lehrers ziemlich unklar sind (nicht nur für den Unterrichtsstoff!) und da Lehrer wenig Rückmeldungen über die Wirkungen ihres pädagogischen Tuns erhalten, kommt es ganz darauf an, »Reflexionskompetenz« zu erwerben. Der Lehrende muss die Fähigkeit entwickeln, situationsgerecht und angemessen zu handeln. Nehme ich wirklich wahr, was sich im Klassenzimmer oder innerhalb einer Gruppe von Heranwachsenden abspielt? Gelingt es mir, die Erfahrungen, die ich in der Praxis mache, durch Reflexion in Erkenntnis zu verwandeln? Wer hilft mir, so lautet eine entscheidende Frage, meine blinden Flecken zu erkennen? Wie lerne ich, auch das weite Feld der eigenen Emotionen zu beleuchten und zu handhaben? Habe ich die Fähigkeit, Rückmeldungen zu akzeptieren oder sie sogar einzufordern? Bei diesem Bemühen gibt es viele Stolpersteine. Etwa jene »erfahrungsgesättigte Blindheit« (Brigitte Pietschmann), die in Waldorfkollegien jeden Austausch auf Augenhöhe erstickt, bevor dieser wirklich begonnen hat.

Das Tor zu diesem Lernraum besteht zunächst darin, eine Haltung der Vorurteilslosigkeit auszubilden. Niemand hat den inneren Acker, der dabei zu bestellen ist, so treffend und anregend beschrieben wie Goethe in seinem Aufsatz von 1793 »Der Versuch als Vermittler von Subjekt und Objekt«.[194] Den Übergang von der »Erfahrung zum Urteil« erlebt der Naturwissenschaftler und Dichter Goethe als besondere Herausforderung, als einen Schwellenübertritt, den er in eine anregende Metapher kleidet: in das Bild eines Passes, bei dessen Überquerung »dem Menschen alle seine inneren Feinde auflauern, Einbildungskraft [...], Ungeduld, Vorschnelligkeit, Selbstzufriedenheit, Steifheit, Gedankenform, vorgefasste Meinung, Bequemlichkeit, Leichtsinn, Veränderlichkeit, und wie die ganze Schar mit ihrem Gefolge heißen mag, alle liegen hier im Hinterhalte [...].« Welches dramatische Bild für die Klippen, die bei der inneren Pflege der vorurteilslosen Beobachtung zu beachten sind! Kein forschender Ansatz ohne Selbsterziehung und innere Hygiene.

Der innere Übungsweg, der zum Nachklang führt, entspricht einem Feld, das der Physiker und Meditationslehrer Arthur Zajonc die notwendige »Transformation in unserem

193 Martyn Rawson/Thomas Stöckli, a. a. O., S. 123.
194 Die Überschrift scheint erst 1823 entstanden zu sein. Goethe nannte den Aufsatz zunächst in einem Brief an Schiller vom 18. Juli 1798 »Kautelen (d. h. Bedingungen, Vorsichtsmaßnahmen) eines Beobachters«. Zitiert wird im Folgenden aus Erich Trunz (Hrsg.): Goethes Werke. Hamburger Ausgabe in 14 Bänden. München 1982. Bd. 13, Naturwissenschaftliche Schriften I, S. 10 ff.

Denken«[195] genannt hat. Unserer Denkgewohnheit entspricht es, die uns umgebenden Objekte »automatisch in Form von Atomen«[196] zu betrachten und die Realität »Punkt für Punkt« aufzubauen. Dabei verlieren wir die Peripherie aus dem Blick. »Wenn wir nun das nächste Mal einen Gegenstand betrachten oder einem Menschen begegnen«, so Zajoncs Hinweis, »können wir versuchen, sie nicht als von innen heraus aus Teilen aufgebaut zu denken, sondern als ein von der Peripherie her modelliertes Ganzes«. Das Urbild für diese Blickwendung stammt aus der Geometrie: die Möglichkeit einen Kreis nicht nur als eine Summe von Punkten zu sehen, die von einem vorgegebenen Punkt gleich weit entfernt ist, sondern ihn aus einem Bündel von Tangentenlinien zu konstruieren. Die Linien umfassen dabei den Kreis von außen. Der Übergang zwischen den beiden skizzierten Denkweisen lässt sich als Übergang von einem atomistischen zu einem holistischen Bewusstsein bezeichnen.

Der periphere Planer als Vorbild

So wie der nach vorne gehende Mensch vergisst, dass es einen »Rückenraum« gibt, den wir uns bewusst machen können, so ist auch die Peripherie zu entdecken und pädagogisch aufzuschließen. Tauchen wir in den Nachklang ein, so nähern wir uns einem Menschen oder einer Gruppe über die Peripherie. Zajonc macht deutlich, dass alle Weisen der Welt »periphere Planer« waren. Sie ergriffen die Umwelt nicht vom Zentrum des eigenen Ich aus, sondern aus dem Lauschen auf den Umkreis, sei es der Kosmos, die Natur oder der Mitmensch. Diese mehr dienende Geste verzichtet darauf, das persönliche Ich zum Mittelpunkt der Welt zu machen. Die Seele ist hier nicht ein Instrument, eigene Absichten durchzusetzen. Sie ist vielmehr ein Raum, in dem der Umkreis sich aussprechen kann. Man ahnt, was der Blickwechsel bedeutet. Die Peripherie aus dem Blick zu verlieren ist ein schwerwiegender Verlust – denn »die Peripherie ist der Raum der Spontaneität, der Kreativität und des Unerwarteten«.[197] Die Weisen der verschiedenen Kulturen machen es vor: »Sokrates, Buddha und Jesus […] sind scheinbar planlos durch ihre Heimatstädte und Länder gezogen und haben spontan auf die Menschen, die ihnen begegneten, reagiert. Sie haben gelehrt, Lahme geheilt und die Hungernden gespeist, ohne sich dabei auf einen großen Mitarbeiterstab oder einen strategischen Plan stützen zu können. Daraus ziehe ich die Lehre, dass sich echte, dauerhafte Auswirkungen dann ergeben, wenn es uns gelingt, wie ein improvisierender Künstler kreativ auf das, was von der Peripherie an uns herangetragen wird, zu reagieren.« Arthur Zajonc' Überlegungen münden in einen Appell, der gerade in Zeiten einer wachsenden Zentralisierung im Prüfungswesen Aufmerksamkeit verdient: »Erheblich weniger zentrale und dafür deutlich mehr periphere Planung könnte sich als sehr wohltuend und vorteilhaft erweisen.«

Als modernes Vorbild in der Kunst, die Peripherie nicht nur im Blick zu behalten, sondern aus ihr die stärksten Impulse zu beziehen, kann der polnisch-jüdische Arzt und Pädagoge Janusz Korczak (1878–1942) gelten. Er gab 1911, mit 33 Jahren, seine erfolgreiche Arztpraxis in Warschau auf und übernahm das nach seinem Entwurf errichtete

Waisenhaus Dom Sierot in der Krochmalnastraße. Von nun an war das Waisenhaus mit zuletzt 200 Kindern bis zur Errichtung des Ghettos und dem damit verbundenen Umzug in ein Haus innerhalb der Mauern 1942 auch Korczaks Zuhause. Am 5. August dieses Jahres begleitete Korczak mit seinen engsten Mitarbeitern seine Schutzbefohlenen hinter der berühmten grünen Fahne ins Vernichtungslager Treblinka – wobei er den Vorschlag, sein eigenes Leben zu retten, entrüstet als Verrat an den Kindern ablehnte. Das Besondere an diesem Pädagogen war die Kraft seiner Beobachtung. Korczak verstand sich in seinen Büchern[198] nicht nur als ein Anwalt für die Rechte der Kinder, sondern auch als ein Sammler vielfältiger Beobachtungen. So notierte er als Leiter des Waisenhauses in sein Tagebuch: »Es ist Nacht. Ich habe über die Arbeit und über die schlafenden Kinder Notizen, vierunddreißig Blöcke mit Notizen. Eben deswegen konnte ich mich so lange nicht entschließen, Tagebuch zu führen. Ich beabsichtige, einen dicken Band über die Nacht im Waisenhaus und überhaupt über den Schlaf der Kinder zu schreiben.«[199] Selbst die von Kindern benutzten Taschentücher, die er eines Tages sortierte und aufmerksam betrachtete, galten ihm als eine »großartige Visitenkarte«.[200] Nach dem ersten Jahr im Waisenhaus hatte er dazu beigetragen, dass sich eine Art Kinderrepublik bilden konnte. Zu den Formen der Selbstverwaltung zählten eine Tafel für Bekanntmachungen, ein Briefkasten auch für Botschaften an die Erzieher, eine Schulzeitung, regelmäßige Versammlungen und Abstimmungen, ja sogar ein Kindergericht und ein Parlament mit 20 Abgeordneten.[201] Das Personal hatte der pädagogische Leiter zugleich auf ein Minimum beschränkt. Auf der Grundlage einer uneingeschränkten Achtung vor den Kindern, ja einer fast unpädagogischen Liebe zu ihnen formulierte er als Fazit des ersten Jahres: »Wir hatten uns von einem x-beliebigen Personal und seiner Tyrannei unabhängig gemacht. Hausherr, Mitarbeiter und Leiter des Hauses wurde – das Kind. Alles, was im weiteren Verlauf beschrieben wird, ist ein Werk der Kinder, nicht das unsrige.«[202] Korczak vertraute seinen Notizen aber nicht nur Beobachtungen an, sondern er überprüfte auch seine eigenen Taten im Prozess der Verschriftlichung getreu dem Motto: »Die guten Erzieher unterscheiden sich von den schlechten nur durch die Anzahl der begangenen Fehler, des begangenen Unrechts. Es gibt Fehler, die ein guter Erzieher nur einmal begeht,

195 Arthur Zajonc: Aufbruch ins Unerwartete. Meditation als Erkenntnisweg. Stuttgart 2009, S. 247.

196 Ebenda, S. 245.

197 Ebenda, S. 250.

198 Darunter der Kinderroman »König Hänschen« (1923) und die pädagogischen Hauptwerke »Wie man ein Kind lieben soll« (1919/20) und »Das Recht des Kindes auf Achtung« (1929).

199 Marek Jaworski: Janusz Korczak. Aufopferungsvolle Liebe zum Kind. Leipzig 1983, S. 49.

200 Ebenda, S. 48.

201 Eine feinsinnige Deutung der verschiedenen Einrichtungen gibt Hartmut von Hentig in seiner Laudatio 1972 bei der posthumen Verleihung des Friedenspreises des Deutschen Buchhandels an Janusz Korczak. Siehe www.friedenspreis-des-deutschen-buchhandels.de/sixcms/media.php/1290/1972_korcak.pdf vom 03. 04. 2018.

202 Das Korczak-Zitat findet sich bei Hartmut von Hentig, a. a. O., S. 10.

die er, wenn er sie kritisch überdacht hat, nie wiederholt. Ein solcher Fehler bleibt lange im Gedächtnis [...] Ein schlechter Erzieher gibt den Kindern die Schuld am eigenen Versehen.«[203] Welche Wirkung dieser besondere Pädagogen auf die ihm anvertrauten Kinder hatte, verrät das Urteil eines überlebenden Waisenkindes: Schmuel Gogol. Statt der kleinen Geldprämie, die Korczak den Kindern am Anfang der 1930er Jahre für einen herausgefallenen Zahn bot, wünschte sich Schmuel zwei kleine Mundharmonikas. Dies ist der Keim für seine spätere Musiker-Karriere, die ihm nach seiner Deportation nach Auschwitz ins Lagerorchester verhilft und damit wohl sein Leben gerettet hat. Schmuel urteilt im Rückblick über den geliebten Lehrer: »Im Waisenhaus, da hab ich angefangen zu werden ein Mensch. Und hör mal, was ich dir will sagen: wir waren nicht eifersüchtig. Jedes Kind hat gedenkt, der Janusz Korczak gehört ihm. Er ist in meinen Erinnerungen geblieben wie Vater und Mutter zusammen. Bei ihm hatten wir gehabt eine gute Kinderstube, auch wenn es ein Waisenhaus war.«[204]

Wie schön wäre es, wenn die Dankbarkeit, die Schmuel Gogol hier gegenüber seinem verehrten Lehrer erweist, wieder mehr zu einem Teil des pädagogischen Feldes werden könnte. Der Kindertherapeut Henning Köhler, der in diesen Essays schon mehrfach zu Worte kam, empfahl dem heutigen Erzieher: »Wir schulden den Kindern Dankbarkeit, weil sie uns mit dem Gold ihres Vertrauens überschütten.«[205] Der bewertende Blick, den ich in diesem Buch als eine Art Berufsdeformation des Lehrers vorgestellt habe, ist gegenüber dieser Dimension blind. Denn er ist allzu oft ein Ausdruck von Routine. Und gerade diese Routine trägt dazu bei, dass sich ein Gefühl von Dankbarkeit nicht bilden kann. Dankbarkeit stellt sich aber bei langer Berufstätigkeit nicht von alleine ein. Sie will gepflegt werden wie eine innere Kraft. Sie gedeiht nur, wenn das Ich dabei ist. Wem als Lehrer die Verwandlung des bewertenden Blicks gelingt, der hat seine pädagogische Prüfung bestanden.

---

203 Ebenda, S. 12 f.
204 Die anrührende Episode findet sich im Roman von Thomas Vogel: Hinter den Dingen. Tübingen 2011, S. 179.
205 Kolumne »Dankbarkeit« in EK 09/2011.

Fazit

Die staatlich verordneten Prüfungen hinterlassen an den Waldorfschulen Spuren, die den Beteiligten nur zu einem kleinen Teil bewusst sind. Sie binden Energien, deren Langzeitwirkungen wir unterschätzen. Und sie legen Gewohnheiten an bzw. verstärken sie, die uns bei der Gestaltung eines freien Schulwesens, ja eines menschen- und zeitgemäßen Oberstufenprofils schaden. In dieser skeptischen Bilanz lassen sich die Erfahrungen, die dem ersten Teil dieses Buches zugrunde liegen, zusammenfassen. Dabei liegt es nicht in der Absicht des Autors, für die generelle Abschaffung von Prüfungen einzutreten. Besonders junge Menschen brauchen Bewährungssituationen, in denen sie ihr Leistungsvermögen und ihre Urteilskraft zeigen können.

Jede Biografie ist von Lebensprüfungen durchzogen und nur einen kleinen Teil davon haben wir uns ausgesucht. Ob es um kognitive, emotionale, soziale oder manuelle Fähigkeiten geht: Wir brauchen Wegmarken, an denen das eigene Potential abgerufen wird und in die Sichtbarkeit tritt. Da sich die menschliche Persönlichkeit dem Zugriff jeder Berechnung entzieht und da gerade die Waldorfschule den Menschen ins Zentrum ihres pädagogischen Auftrages stellt, muss sie jedoch in einen Konflikt geraten mit Prüfungsformen, die weitgehend aus der Vergangenheit stammen und die im Obrigkeitsstaat des 19. Jahrhunderts ihre Prägung erhalten haben. Der kulturgeschichtliche Abriss zum Abitur hat uns zudem auf der Suche nach der Quelle vor die erstaunliche Parallelität zwischen dem chinesischen Prüfungswesen und dem modernen Abitur gestellt.

Es wurde dann der Versuch unternommen, den Blick auf das Prüfungswesen über das Juristische und über bildungspolitische Aspekte hinaus zu erweitern. Bei dieser Blicköffnung halfen verschiedene Pfade. Sie führten den Leser durch die Literatur, aber auch durch alte Kulturen mit ihren Initiationsprüfungen. Im mittleren Teil wurde dann ein Pfad durch das weite Feld der Anthropologie gelegt – ein Versuch, den blutleeren Begriff der Reife, der im staatlichen Prüfungskontext oft verwendet wird, mit neuem Leben zu erfüllen. Dabei erwies sich vor allem die Idee des Ichs seit der Renaissance bzw. der Romantik (Dürer, Pico della Mirandola, Friedrich von Hardenberg) und die Verortung des Ichs in Rudolf Steiners Sinneslehre als hilfreich. Konsequent wurde versucht, den Blick auch auf die Gegenkräfte zu richten, die sich der Ausbildung einer Ich-Kultur entgegenstellen. Ich-Impulse erwachen fast immer am Widerstand. Die Gedankenbewegung der Essays hat versucht, fortwährend auch pädagogische Motive wie den »wertschätzenden Blick« mit aufzunehmen.

Eine Verwandlung des Prüfungswesens kann nur gelingen, wenn die Prüfer auch an ihrer Selbstverwandlung interessiert sind. Zu den Gewohnheiten, die auf einer subtilen Ebene das Wahrnehmen, das Fühlen und Denken von Pädagogen bestimmen, gehört das Räderwerk des Urteilens und Bewertens. Die Normierung jeder wahrgenommenen Schülerleistung in Form einer Note ist dabei nur die Spitze des Eisberges. Hinweise auf die Möglichkeiten einer Portfolio-Kultur, auch als Rahmen für eine konkrete Oberstufenepoche in Geschichte, eröffneten den letzten Teil. Dieser lud dazu ein, Schule und Lehreralltag neu zu denken. Als ein Übungsfeld im Sinne der Selbstverwandlung erwies sich das Forschungstagebuch. Man wird eine Verwandlung des Prüfungswesens gegen die Denkgewohnheiten und bürokratischen Hürden unserer Zeit nicht erreichen, wenn man dabei nicht von anderen Gedanken und Empfindungen ausgeht als ihre Erfinder sie hatten. Kinder sind forschende Wesen. Lehrer können dies zumindest werden. Eine Schule, die beiden diese wunderbare Dimension abtrainiert, ist nicht zukunftsfähig. Diese Essay-Sammlung möchte dazu ermutigen, den Aufbruch zu wagen.

Danksagung

Das vorliegende Buch entstand zwischen 2014 und 2018 neben meiner Tätigkeit als Oberstufenlehrer. Im Zuge der Ein- und Ausarbeitung hat sich das Blickfeld immer wieder verändert. Während mich in der Anfangszeit die Geschichte des Abiturs ganz in ihren Bann zog und in einen Austausch mit Sinologen brachte, so waren es später Fragen nach der Bedeutung des Ich in der Pädagogik, aber auch nach einer neuen Prüfkultur. Ohne die hilfreichen Gespräche mit Kolleginnen und Kollegen und anderen Weggefährten, etwa im Rahmen des jährlichen Forschungskolloquiums in Kassel, hätte diese Essay-Sammlung nicht ihre Tonlage und Form gefunden. Bei der Pädagogischen Forschungsstelle des Bundes der Freien Waldorfschulen und der Stiftung Helixor bedanke ich mich für das Vertrauen in mein Projekt und für die finanzielle Unterstützung. Für vielfältige Anregungen und ein wertschätzendes Mitlesen danke ich Michael Zech, Thomas Voss, Elsbeth Weymann, Barbara Walther, Dagmar Karl, Hans-Hartwig Lützow und meiner Schwester Christiane Grebe sehr herzlich. Florian Osswald hat als Leiter der Pädagogischen Sektion am Goetheanum in Dornach den Entstehungsprozess befruchtet und ein anregendes Grußwort beigesteuert. Christl Kiewitz gebührt Dank für ihr sachkundiges und genaues Lektorat. Manche Anregung und innere Ermutigung habe ich durch Dietrich Esterl, Eva Kleber, Frank de Vries und Stefan Ackermann erfahren. Mein Bruder Klaus-Martin hat meinen Arbeitsprozess in der letzten Phase mit dem Stift des Zeichners und Karikaturisten bereichert und auch humorvoll inspiriert. Schreiben ist für mich ein dialogisches Geschehen – vor allem, wenn der Gegenstand des Nachdenkens so vielstimmig, facettenreich und widersprüchlich ist wie das Prüfungswesen.

Balingen, im Juni 2018   *Holger Grebe*